KNAUR

EDDIE JAKU

Der glücklichste Mensch der Welt

Ein hundertjähriger Holocaust-Überlebender erzählt, warum Liebe und Hoffnung stärker sind als der Hass

Deutsch von Ulrike Strerath-Bolz

KNAUR

Die australische Originalausgabe erschien 2020 unter dem Titel
The Happiest Man on Earth
bei Pan Macmillan Australia, Sydney.

Besuchen Sie uns im Internet:
www.knaur.de

Aus Verantwortung für die Umwelt hat sich die Verlagsgruppe Droemer Knaur zu einer nachhaltigen Buchproduktion verpflichtet. Der bewusste Umgang mit unseren Ressourcen, der Schutz unseres Klimas und der Natur gehören zu unseren obersten Unternehmenszielen. Gemeinsam mit unseren Partnern und Lieferanten setzen wir uns für eine klimaneutrale Buchproduktion ein, die den Erwerb von Klimazertifikaten zur Kompensation des CO2-Ausstoßes einschließt.
Weitere Informationen finden Sie unter: www.klimaneutralerverlag.de

FSC www.fsc.org MIX Papier aus verantwortungsvollen Quellen FSC® C083411

Deutsche Erstausgabe April 2021
Knaur Verlag

Ein Imprint der Verlagsgruppe
Droemer Knaur GmbH & Co. KG, München

Redaktion: Christiane Bernhardt
Covergestaltung: Isabella Materne nach der Originalausgabe von Laura Thomas
Coverabbildung: Thomas Bauer
Satz: Adobe InDesign im Verlag
Druck und Bindung: CPI books GmbH, Leck
ISBN 978-3-426-21499-2

2 4 5 3 1

Den künftigen Generationen gewidmet

Geh nicht hinter mir,
vielleicht führe ich nicht.
Geh nicht vor mir,
vielleicht folge ich nicht.
Geh einfach neben mir
und sei mein Freund.

Anonym

Inhalt

Prolog

Mein lieber neuer Freund, meine liebe neue Freundin,

ich lebe jetzt schon ein Jahrhundert lang und weiß, was es heißt, dem Bösen ins Antlitz zu blicken. Ich habe die größten Übel der Menschheit gesehen, das Grauen der Todeslager, den Versuch der Nazis, mein Leben und mein ganzes Volk auszulöschen.

Doch heute betrachte ich mich als den glücklichsten Menschen der Welt.

In all meinen Jahren habe ich gelernt: Das Leben kann schön sein, wenn wir es schön machen.

Ich will dir meine Geschichte erzählen. Es ist eine in Teilen traurige Geschichte mit großer Finsternis und großem Kummer. Aber am Ende ist es doch eine glückliche Geschichte, weil Glück etwas ist, wofür wir uns entscheiden können. Es liegt an dir.

Ich werde dir zeigen, wie es geht.

1

Vieles ist kostbarer als Geld.

Ich wurde im Jahr 1920 geboren, in einer Stadt namens Leipzig im Osten Deutschlands. Mein Name war Abraham Salomon Jakubowicz, aber meine Freunde nannten mich kurz Adi. Im Englischen wurde später Eddie daraus. Du darfst mich also gern Eddie nennen.

Wir waren eine liebevolle Familie. Eine große Familie. Mein Vater Isidor hatte noch vier Brüder und drei Schwestern, und meine Mutter Lina war eins von dreizehn Kindern. Stell dir nur vor, was für eine starke Frau meine Großmutter gewesen sein muss, die so viele Kinder großzog! Einen Sohn hatte sie im Ersten Weltkrieg verloren – ein Jude, der sein Leben für Deutschland opferte. Und auch ihr Mann, mein Großvater, kam nicht aus dem Krieg zurück. Er war Militärgeistlicher gewesen.

Mein Vater war ein ausgesprochen stolzer deutscher Staatsbürger. Er war aus Polen gekommen und hatte sich in Deutschland niedergelassen. Damals war er Feinmechanikerlehrling bei der Schreibmaschinenfirma Remington gewesen. Weil er gut Deutsch sprach, bekam er eine Stelle auf einem deutschen Handelsschiff und fuhr bis nach Amerika.

Dort ging es ihm wirtschaftlich sehr gut, doch er vermisste seine Familie und beschloss, zurück nach Europa zu reisen, um sie zu besuchen. So fuhr er mit einem anderen Handelsschiff wieder über den Ozean – und geriet in den Ersten Weltkrieg. Da er mit polnischem Pass reiste, wurde er als feindlicher Ausländer von den Deutschen interniert. Doch als man in der Haft feststellte, dass er ein qualifizierter Mechaniker war, wurde er entlassen und in einer Fabrik in Leipzig angestellt, in der schwere Kriegswaffen gebaut wurden.

In dieser Zeit verliebte er sich in meine Mutter Lina und in Deutschland, sodass er nach dem Ende des Krieges dort blieb. Er gründete eine Fabrik in Leipzig, heiratete meine Mutter, und kurz darauf wurde ich geboren. Zwei Jahre später konnten wir meine kleine Schwester Johanna auf dieser Welt willkommen heißen. Wir nannten sie Henni.

Nichts konnte den Patriotismus meines Vaters und seinen Stolz auf Deutschland erschüttern. Wir betrachteten uns in erster Linie als Deutsche, dann noch einmal als Deutsche und erst dann als Juden. Unsere Religion war uns nicht so wichtig, wir wollten vor allem gute Leipziger Bürger sein. Wir hielten uns an unsere Traditionen und Feiertage, aber unsere Treue und Liebe gehörten Deutschland. Ich war stolz auf meine Heimatstadt Leipzig, die seit achthundert Jahren ein Zentrum der Kunst und Kultur war. Die Stadt beherbergte eines der ältesten Symphonieorchester der Welt, hatte Johann Sebastian Bach, Clara Schumann, Felix Mendelssohn und viele andere inspiriert: Schriftsteller, Dichter und Philosophen wie Goethe, Leibniz und Nietzsche.

Seit Jahrhunderten waren die Juden aus der Leipziger Stadtgesellschaft nicht wegzudenken. Schon seit dem

Mittelalter fand der große Wochenmarkt am Freitag statt, damit die jüdischen Händler daran teilnehmen konnten. Wir dürfen ja am Samstag, dem jüdischen Sabbat, nicht arbeiten. Bekannte jüdische Bürger und Wohltäter trugen zum Gemeinwohl bei, ebenso die jüdische Gemeinde, die einige der schönsten Synagogen Europas errichten ließ.

Es war ein harmonisches Leben. Und ein sehr gutes Leben für ein Kind. Der Zoo, weltberühmt für seine Sammlungen und seine einzigartigen Zuchterfolge bei Löwen, lag nur fünf Minuten zu Fuß von unserem Haus entfernt. Kannst du dir vorstellen, wie aufregend das für einen kleinen Jungen war? Zwei Mal im Jahr gab es eine riesige Handelsmesse, die ich mit meinem Vater besuchte. Diese Messe hatte Leipzig zu einer der kultiviertesten und reichsten Städte in Europa gemacht. Die Lage und die Bedeutung als Handelsstadt sorgten dafür, dass sich von hier aus neue Technologien und Ideen verbreiteten. Außerdem beherbergte die Stadt die zweitälteste Universität Deutschlands, die 1409 gegründet worden war. 1650 war in Leipzig die erste Tageszeitung der Welt erschienen. Es war eine Stadt der Bücher, der Musik, der Oper. Als Junge war ich fest davon überzeugt, ich sei Teil der aufgeklärtesten, kultiviertesten und höchstentwickelten, auf jeden Fall aber der gebildetsten Gesellschaft der Welt. Was für ein Irrtum!

Ich war zwar nicht sehr religiös, aber wir gingen regelmäßig in die Synagoge. Meiner Mutter zuliebe hielten wir auch die Speisegebote ein. Sie wollte gern so traditionell wie möglich leben, um ihrer eigenen Mutter einen

Gefallen zu tun, meiner Großmutter, die bei uns lebte und sehr religiös war. Am Freitagabend trafen wir uns immer zum Schabbes-Essen, beteten und aßen die traditionellen Speisen, die meine Großmutter liebevoll für uns zubereitete. Sie kochte auf dem riesigen Holzofen, der auch das ganze Haus heizte. Ein geniales Netz von Rohrleitungen durchzog unser Haus, sodass kein bisschen Wärme verschwendet wurde und der Rauch sicher nach draußen gelangte. Wenn wir durchgefroren von draußen hereinkamen, saßen wir auf Kissen an diesem Herd, um uns aufzuwärmen. Ich hatte einen Hund, eine kleine Dackelhündin namens Lulu, die sich an kalten Abenden auf meinem Schoß zusammenrollte. Ich liebte diese Abende!

Mein Vater arbeitete schwer, um für uns zu sorgen, und es fehlte uns an nichts. Dennoch ließ er uns immer wieder wissen, dass es um mehr geht im Leben als um materiellen Besitz. Jeden Freitag buk unsere Mutter drei oder vier Laibe Challah fürs Abendessen, das besondere, köstliche Feiertagsbrot mit Eiern und Weizenmehl, das wir nur zu besonderen Gelegenheiten bekamen. Als ich sechs Jahre alt war, fragte ich meinen Vater, warum sie so viele Brote buk, obwohl wir doch nur vier Personen waren, und er erklärte mir, die übrigen Brote würde er in die Synagoge bringen, wo sie an bedürftige Juden verteilt wurden. Er liebte seine Familie und seine Freunde. Ständig brachte er Freunde mit zum Abendessen. Meine Mutter protestierte immer wieder und sagte, mehr als fünf dürften es aber nicht sein, sonst würden wir nicht mehr alle um den Tisch passen.

»Wenn du das Glück hast, genug Geld und ein schönes Haus zu besitzen, kannst du es dir auch leisten, anderen zu helfen, die nicht so glücklich sind«, sagte er immer wieder zu mir. »Darum geht es im Leben, dein Glück mit anderen zu teilen.« Er betonte oft, dass im Geben viel mehr Freude läge als im Nehmen und dass die wichtigen Dinge im Leben – Freunde, Familie, Freundlichkeit – viel kostbarer seien als Geld. »Der Wert eines Mannes bemisst sich nicht nach seinem Bankkonto.« Damals hielt ich ihn für ziemlich verrückt, aber heute, nach allem, was ich erlebt habe, weiß ich, er hatte recht.

Doch unser Familienglück war von dunklen Wolken überschattet. Deutschland erlebte unruhige Zeiten. Der Erste Weltkrieg war verloren, die Wirtschaft lag am Boden. Die Siegermächte verlangten höhere Reparationszahlungen, als Deutschland jemals aufbringen konnte, und darunter litt das gesamte Volk von damals achtundsechzig Millionen Menschen. Lebensmittel und Brennmaterial waren knapp, und überall herrschte Armut, was die stolzen Deutschen empfindlich zu spüren bekamen.

Wir lebten als Mittelschichtfamilie zwar recht angenehm, doch selbst wenn man genug Geld hatte, waren manche Notwendigkeiten einfach nicht zu bekommen. Meine Mutter legte weite Wege zurück, um auf dem Schwarzmarkt Handtaschen und Kleidung aus besseren Tagen gegen Eier, Milch, Butter oder Brot einzutauschen.

Als mein Vater kurz vor meinem dreizehnten Geburtstag wissen wollte, was ich mir wünschte, bat ich ihn um sechs Eier, einen Laib Weißbrot – das schwer zu bekommen war, weil die Deutschen meistens Roggenbrot aßen – und eine Ananas. Etwas Beeindruckenderes als sechs Eier konnte ich mir nicht vorstellen, und eine Ananas hatte ich noch nie gesehen. Tatsächlich trieb er eine auf.

Ich habe keine Ahnung, wie er das gemacht hat, aber so war mein Vater. Er machte das Unmögliche möglich, nur um mir eine Freude zu bereiten. Ich war so aufgeregt, dass ich an meinem Geburtstag alles sechs Eier und die Ananas auf einen Sitz verdrückte. So viel Reichhaltiges auf einmal hatte ich noch nie gegessen. Meine Mutter warnte mich und sagte, ich solle nicht so schlingen. Ob ich auf sie gehört habe? Natürlich nicht!

Besonders schlimm war die Inflation, die es unmöglich machte, länger haltbare Lebensmittel auf Vorrat zu kaufen oder Zukunftspläne zu machen. Wenn mein Vater abends nach Hause kam, hatte er einen Koffer mit Geld bei sich, das schon am nächsten Morgen nichts mehr wert sein würde. Er schickte mich damit zum Laden und sagte: »Kauf, was du kriegen kannst. Wenn sechs Brote da sind, kauf sie alle. Morgen gibt es nichts mehr dafür.« Selbst für wohlhabende Familien war es ein schwieriges Leben, und die Deutschen fühlten sich gedemütigt und waren sehr zornig. Viele waren so verzweifelt, dass sie jedem glaubten, der ihnen eine Lösung versprach. Die Nationalsozialisten und Hitler taten genau das: Sie versprachen den Deutschen eine Lösung ihrer Probleme. Und sie präsentierten den Menschen ein Feindbild.

Als Hitler 1933 an die Macht kam, segelte er auf einer Welle des Antisemitismus. Ich wurde gerade dreizehn Jahre alt und hätte meine Bar-Mizwa feiern sollen, die uralte religiöse Zeremonie, die den Übergang zum Erwachsenenalter markiert. Auf die Bar-Mizwa, was so viel bedeutet wie »Sohn des Gebots«, folgt normalerweise ein rauschendes Fest mit köstlichem Essen und Tanz. Zu anderen Zeiten hätten wir in der großen Leipziger Synagoge gefeiert, aber unter der Herrschaft der Nazis war uns das verboten. Stattdessen fand meine Bar-Mizwa in einer kleinen Synagoge dreihundert Meter die Straße hinunter statt. Der Rabbi unserer »Shul« (ein anderer Name für Synagoge, was wörtlich »Haus der Bücher« bedeutet) war ein kluger Mann. Er hatte die Wohnung unter der Synagoge an einen Nichtjuden vermietet, dessen Sohn in der SS war. Bei antisemitischen Angriffen sorgte dieser Sohn immer dafür, dass die Wohnung geschützt wurde, und so blieb auch die Shul verschont. Hätten sie die Shul zerstören wollen, hätten sie auch die Wohnung des Mieters angreifen müssen.

Dort fand nun also die religiöse Zeremonie statt, Kerzen wurden angezündet, wir beteten für meine Familie und alle Verstorbenen. Danach galt ich nach jüdischer Tradition als erwachsener Mann und war verantwortlich für mein Tun. Also fing ich an, über meine Zukunft nachzudenken.

Als kleiner Junge hatte ich Arzt werden wollen, aber tatsächlich war ich dafür nicht begabt. Es gab Einrichtungen, in denen Schüler getestet wurden, um ihre Fähigkeiten auszuloten – mit einer Reihe von Gedächtnisaufgaben und Tests zur manuellen Geschicklichkeit. Daraus ergab sich, dass ich eher optisch und mathematisch begabt war. Ich hatte sehr gute Augen, und meine Hand-Auge-Koordination war hervorragend. Also fand man, ich würde einen guten Ingenieur abgeben, und so beschloss ich, ein technisches Fach zu studieren.

Zu dieser Zeit besuchte ich eine sehr gute Schule in einem schönen Gebäude, die 32. Volksschule. Sie lag einen Kilometer von unserem Haus entfernt, mein Schulweg dauerte etwa eine Viertelstunde. Im Winter ging es freilich viel schneller. In Leipzig kann es sehr kalt werden, der Fluss war mehrere Monate im Jahr zugefroren. Dann konnte ich auf Schlittschuhen laufen und brauchte nur fünf Minuten bis zur Schule.

1933 beendete ich die Volksschule und sollte aufs Gymnasium wechseln. Wäre die Geschichte anders verlaufen, dann hätte ich dort bis zum Alter von achtzehn Jahren gelernt. Aber es sollte nicht sein.

Eines Tages sagte man mir, als ich morgens die Schule betrat, ich könne nicht länger am Unterricht teilnehmen. Weil ich Jude war, warf man mich hinaus. Mein Vater, ein echter Dickschädel und ein Mann mit guten Verbindungen, konnte das unmöglich akzeptieren. Und so dachte er sich bald schon einen neuen Plan aus, damit ich meine Bildung weiter ausbauen konnte.

»Keine Bange«, sagte er zu mir. »Du wirst weiterlernen, dafür sorge ich.«

Ich bekam falsche Papiere und wurde mithilfe eines Freundes unserer Familie bei Jetter und Scheerer untergebracht, einem Unternehmen, das im schwäbischen

Tuttlingen, weit weg von zu Hause, chirurgische Instrumente fertigte. Zu dieser Zeit war die Stadt an der Donau ein Epizentrum der Feinmechanik, das die ganze Welt mit Präzisionswerkzeugen versorgte. Alle möglichen unglaublichen Maschinen wurden hier hergestellt, komplizierte Medizintechnik und auch Industriemaschinen. Ich erinnere mich an eine Maschine, in die am einen Ende ein Hähnchen auf einem Förderband hineinkam und am anderen Ende gerupft, gewaschen und verpackt wieder heraus. Unglaublich! Und ich sollte lernen, wie man solche Maschinen baut, bei den besten Ingenieuren der Welt. Um an der dortigen Schule aufgenommen zu werden, musste ich eine ganze Reihe von Prüfungen bestehen. Ich war so nervös, dass ich mir ständig den Schweiß von der Stirn wischen musste, damit er nicht das Schreibpapier verdarb. Ich hatte große Sorge, ich könnte meinen Vater enttäuschen.

Doch ich bestand die Aufnahmeprüfung und wurde unter dem falschen Namen Walter Schleif eingeschrieben. Meine neue Identität war die eines nichtjüdischen deutschen Waisenknaben, der von Hitler weniger zu befürchten hatte. Walter Schleif existierte wirklich, war aber spurlos verschwunden. Vermutlich hatte seine Familie angesichts der Machtergreifung der Nazis in aller Stille Deutschland verlassen. Mein Vater hatte die Papiere des Jungen gekauft und so perfekt bearbeitet, dass die Fälschungen selbst die deutschen Behörden täuschten. Deutsche Personalausweise enthielten damals winzige Fotos, die so ins Papier eingeschlossen waren, dass man sie nur mit einer speziellen Infrarotlampe sehen konnte.

Es war also ziemlich schwierig, so einen Ausweis zu fälschen, doch mein Vater, der ja mit Schreibmaschinen zu tun hatte, besaß Zugang zu den richtigen Werkzeugen und dem nötigen Know-how.

Mit den neuen Dokumenten konnte ich ein neues Leben beginnen und meinen Platz in der Schule einnehmen, wo ich zum Feinmechaniker ausgebildet wurde. Die Zugreise von Leipzig nach Tuttlingen dauerte neun Stunden. Ich würde dort für mich selbst sorgen müssen, für meine Kleidung und meine Ausbildung, und musste vor allem um jeden Preis mein Geheimnis bewahren. Ich besuchte jeden Tag die Schule und schlief in einem nahe gelegenen Waisenhaus, in einem Schlafsaal zusammen mit wesentlich älteren Jungen. Als Lohn für meine Arbeit im Rahmen meiner Ausbildung bekam ich ein kleines Gehalt, mit dem ich Kleidung und andere Notwendigkeiten kaufen konnte.

Mein Leben als Walter Schleif war sehr einsam. Ich konnte ja keinem sagen, wer ich wirklich war, konnte mich niemandem anvertrauen – wenn ich das getan hätte, wäre meine jüdische Herkunft ans Licht gekommen und ich hätte mich in große Gefahr gebracht. In den Toiletten und Duschen musste ich besonders vorsichtig sein, denn wenn einer der anderen bemerkt hätte, dass ich beschnitten war, wäre die Sache sofort aufgeflogen.

Mit meinen Lieben zu Hause hatte ich wenig Kontakt. Briefe waren zu gefährlich, und um zu telefonieren, musste ich den Münzapparat im Keller eines Kaufhauses benutzen, wobei ich einen verschlungenen Weg dorthin nahm, damit mir niemand folgte. Wenn ich, was selten genug vorkam, mit meiner Familie sprechen konnte, brach es mir jedes Mal das Herz. Ich finde gar keine Worte für meinen Schmerz als Junge, der so weit von zu Hause leben musste, aber es schien die einzige Möglichkeit zu sein, eine Ausbildung zu bekommen und mir die Zukunft zu sichern, die sich mein Vater für mich wünschte. Ja, es war schwer, so weit von meiner Familie entfernt zu leben, aber es wäre noch viel schlimmer gewesen, sie zu enttäuschen.

Wenn ich meinem Vater sagte, wie einsam ich mich ohne meine Familie fühlte, drängte er mich, stark zu bleiben. »Eddie, ich weiß, es ist schwer, aber du wirst mir eines Tages dankbar sein«, sagte er immer wieder. Viel später erfuhr ich, dass er bei aller Strenge, die er im Gespräch mit mir an den Tag legte, jedes Mal weinte wie ein kleines Kind, wenn er den Telefonhörer auflegte. Er spielte den Starken, um mich stark zu machen. Und er hatte recht. Ohne das, was ich auf dieser Schule lernte, hätte ich später nicht überlebt.

Fünf Jahre vergingen. Fünf Jahre voller Arbeit und Einsamkeit.

Ich weiß nicht, ob ich richtig erklären kann, wie es sich anfühlt, wenn man im Alter von dreizehneinhalb bis achtzehn Jahren ständig seine Identität verschleiern muss. Es ist eine schreckliche Last, ein solches Geheimnis über einen derart langen Zeitraum zu bewahren. Es gab keine Minute, in der ich meine Familie nicht vermisste, aber ich verstand, wie wichtig meine Ausbildung war, und biss mich durch. Es war ein furchtbares Opfer, so lange Zeit ohne meine Familie zu sein, doch die Ausbildung war wirklich ein großer Gewinn.

Im letzten Ausbildungsjahr arbeitete ich in einer Firma, die erstklassige Röntgengeräte baute. Zusätzlich zu der technischen und theoretischen Seite meiner Ausbildung ging es auch darum, zu zeigen, dass ich in der Lage war, gut und hart in meinem neuen Beruf zu arbeiten. Also arbeitete ich den ganzen Tag und nahm abends am Unterricht teil. Nur am Mittwoch hatte ich frei und konnte mich ganz der Theorie widmen.

Trotz der großen Einsamkeit liebte ich meine Ausbildung. Die Meister, bei denen ich lernte, gehörten zu den fähigsten Köpfen weltweit. Sie konnten mit ihren Werkzeugen praktisch alles herstellen, vom kleinsten Zahnrädchen bis zu riesigen Maschinen auf dem neuesten technologischen Stand. Für mich kam das alles einem Wunder gleich. Deutschland stand an der Spitze einer technologischen und industriellen Revolution, die die Lebensqualität von Millionen Menschen besser machen sollte, und ich war ganz vorn mit dabei.

1938, kurz nach meinem achtzehnten Geburtstag, legte ich meine letzten Prüfungen ab und wurde zum Jahrgangsbesten erkoren. Damit ging die Einladung einher, mich der Gewerkschaft anzuschließen. Die damaligen Gewerkschaften in Deutschland waren mit den heutigen nicht zu vergleichen. Sie hatten weniger mit Verhandlungen über Arbeitsbedingungen und Löhne zu tun, sondern waren eher so etwas wie Standesvereinigungen. Man wurde damals auch nur dann aufgenommen, wenn man richtig gut in seinem Beruf war und zu den absoluten Spitzenkräften gehörte. Dort versammelten sich die besten Köpfe auf einem beruflichen Gebiet, die zusammen daran arbeiteten, Wissenschaft und Industrie voranzubringen. Klassen- und Glaubenszugehörigkeit spielten keine Rolle, es ging um das Prestige der eigenen Arbeit. Es war eine große Ehre, dass man mich in so jungen Jahren einlud, dort Mitglied zu werden.

Bei der Aufnahmefeier wurde ich vor der Versammlung aufgerufen, die Empfehlung des Meisters der Feinmechanikergewerkschaft anzunehmen. Er trug die traditionelle blaue Robe mit einem aufwendigen Spitzenkragen.

»Heute nehmen wir den Lehrling Walter Schleif in eine der besten Gewerkschaften Deutschlands auf«, sagte er. Und in diesem Moment brach ich in Tränen aus.

Der Meister rüttelte mich an der Schulter. »Was ist denn?«, fragte er. »Heute ist einer der schönsten Tage deines Lebens! Du solltest stolz darauf sein!«

Doch ich war untröstlich. Ich war furchtbar traurig, dass meine Eltern nicht dabei sein konnten. So gern hätte ich ihnen gezeigt, was ich geschafft hatte. Und es hätte mir auch viel bedeutet, wenn ich dem Meister hätte klarmachen können, dass ich nicht der arme Waisenjunge Walter Schleif war, sondern Eddie Jaku, dass ich eine Familie hatte, die mich liebte und die ich entsetzlich vermisste.

Ich schätze jedes bisschen Wissen, das ich in diesen Jahren erworben habe, aber ich werde immer bereuen, dass ich so viele Jahre fern von meiner Familie gelebt habe.

Mein Vater hatte recht, wenn er sagte, dass der Wert eines Mannes nicht von seinem Bankkonto bestimmt wird. Es gibt viele Dinge auf dieser Welt, die man mit Geld nicht kaufen kann, einige davon sind über alle Maßen wertvoll. Und zwar vor allem die Familie. Die Familie zum Ersten, die Familie zum Zweiten, und zuletzt wieder die Familie.

2

Schwäche kann sich in Hass verwandeln.

Den schwersten Fehler meines jungen Lebens beging ich am 9. November 1938.

Nach meinem Abschluss bekam ich eine Anstellung als Feinmechaniker für Medizintechnik und blieb noch ein paar Monate in Tuttlingen. Doch im November feierten meine Eltern ihren zwanzigsten Hochzeitstag, und ich beschloss, sie mit einem Besuch zu überraschen. Also kaufte ich mir eine Fahrkarte und fuhr die neun Stunden in meine Heimatstadt. Vor dem Fenster zogen die Felder und Wälder Deutschlands vorbei.

In der geschützten Umgebung der Schule hatte ich keinen Zugang zu Zeitungen und Radio gehabt. Entsprechend wenig wusste ich darüber, was in dem Land, das ich so sehr liebte, vor sich gegangen war. Auch die Wolke des Antisemitismus, die sich immer weiter über Deutschland gelegt hatte, war mir überhaupt nicht bewusst.

Als ich zu Hause ankam, war das Haus dunkel, die Türen abgeschlossen. Meine Familie war spurlos verschwunden. Sie hatten mir nicht gesagt, dass sie die Nacht in einem Versteck verbrachten, schließlich glaubten sie ja, ich sei weit weg und in Sicherheit.

Hätte ich meinen Schlüssel nicht bei mir gehabt, dann hätte ich auf der Straße schlafen müssen. So öffnete ich die Tür und wurde sofort von meiner Dackelhündin Lulu begrüßt, die an mir hochsprang und mir die Hände ableckte. Ich war ebenso glücklich wie sie.

Gleichzeitig machte ich mir auch große Sorgen um meine Familie, weil ich überhaupt nicht verstand, warum sie mitten in der Nacht verschwunden waren. Aber da ich sehr müde war, legte ich mich in meinem Kinderzimmer ins Bett. Dort konnte mir ja sicher nichts passieren.

Ich lag noch eine Weile wach und lauschte dem weit entfernten Rauschen der Straße, nicht ahnend, dass überall in der Stadt die Synagogen brannten. Irgendwann schlief ich vor Erschöpfung ein.

Um fünf Uhr morgens wurde ich aus dem Schlaf gerissen, weil jemand die Tür eintrat. Zehn Nazis stürmten in die Wohnung, zerrten mich aus dem Bett und schlugen mich buchstäblich halb tot. Mein Schlafanzug war blutgetränkt. Einer der Männer schnitt mir mit seinem Bajonett den Ärmel ab und fing an, mir ein Hakenkreuz auf den Arm zu ritzen.

In diesem Moment sprang ihn die kleine Lulu an. Ich weiß nicht, ob sie ihn gebissen oder nur erschreckt hat, jedenfalls ließ der Mann von mir ab und stach stattdessen mit dem aufgepflanzten Bajonett auf meinen armen kleinen Hund ein. Während er Lulu tötete, brüllte er: »Ein Judenhund, ein Judenhund!«

Ich dachte, mein letztes Stündchen hätte geschlagen. Das war's, Eddie, dachte ich. Dein Leben ist zu Ende.

Doch sie wollten mich nicht töten, sie wollten mich nur schlagen und demütigen. Nach dem ersten Angriff zerrten sie mich auf die Straße, wo ich zuschauen musste, wie unser zweihundert Jahre altes Haus zerstört wurde, in dem mehrere Generationen meiner Familie aufgewachsen waren. In diesem Moment verlor ich meine Würde, meine Freiheit und meinen Glauben an die Menschlichkeit. Ich verlor alles, wofür ich gelebt hatte. Ich war kein Mensch mehr, sondern ein Nichts.

Es war die Pogromnacht, die den hässlichen Namen »Kristallnacht« bekam, weil im ganzen Land die Scherben der zerbrochenen Fensterscheiben von zerstörten jüdischen Läden, Wohnungen und Synagogen auf den Straßen lagen. Die Braunhemden der Nazimilizen plünderten und zerstörten, ohne dass die Behörden eingriffen.

In ganz Leipzig und im ganzen Land begingen deutsche Bürger, zivilisierte Menschen in dieser Nacht die schlimmsten Gräueltaten. Fast jedes jüdische Haus und Geschäft in meiner Heimatstadt wurde angegriffen, in Brand gesteckt oder auf andere Weise zerstört, ebenso unsere Synagogen. Und die Menschen.

Und es waren nicht nur Nazitruppen und faschistische Übeltäter, die sich da gegen uns wandten. Ganz normale Bürger, Freunde und Nachbarn, die ich mein ganzes Leben lang kannte, ließen sich von der Orgie der Gewalt und des Plünderns anstecken. Als sie genug zerstört hatten, trieben sie jüdische Menschen zusammen, darunter auch kleine Kinder, und warfen sie in den Fluss, auf dem ich als Kind mit meinen Schlittschuhen gelaufen war. Das Eis war noch dünn, das Wasser bitterkalt. Männer und Frauen, mit denen ich aufgewachsen war, standen am Ufer, spuckten und johlten, während die Menschen um ihr Leben kämpften.

»Erschießt sie!«, riefen sie. »Erschießt die jüdischen Hunde!«

Was in aller Welt war mit meinen deutschen Freunden passiert, dass sie zu Mördern wurden? Wie kann es sein, dass Freunde zu Feinden werden, dass auf einmal ein solcher Hass entsteht? Wo war das Deutschland geblieben, auf das ich so stolz gewesen war, das Land, in dem ich geboren war, das Land meiner Vorfahren? Den einen Tag waren wir noch Freunde, Nachbarn und Kollegen gewesen, am nächsten schon eingeschworene Feinde.

Wenn ich an die Deutschen denke, die sich an diesem Tag an unserem Schmerz ergötzten, möchte ich sie heute noch fragen: »Habt ihr eine Seele? Habt ihr ein Herz?« Es war der reine Wahnsinn, und zwar im wahrsten Sinne des Wortes – bisher vollkommen zivilisierte Menschen hatten jede Fähigkeit verloren, Richtig und Falsch zu unterscheiden. Sie begingen schreckliche Gräueltaten und, schlimmer noch, sie genossen es. Sie dachten, sie täten das Richtige. Und selbst diejenigen, die nicht so dumm waren, uns Juden für Feinde zu halten, unternahmen nichts, um den Mob aufzuhalten.

Wenn in dieser Nacht genug Menschen aufgestanden und Einhalt geboten hätten. Wenn sie gesagt hätten: »Schluss jetzt, was tut ihr da? Was ist los mit euch?« Dann wäre die Geschichte vielleicht anders verlaufen. Doch das taten sie nicht. Sie hatten Angst, sie waren schwach, und ihre Schwäche ließ sich so manipulieren, dass sie sich in Hass verwandelte.

Sie luden mich auf einen Lastwagen und brachten mich weg. Auf meinem Gesicht vermischten sich Blut und Tränen. Und in diesem Moment hörte ich auf, ein stolzer Deutscher zu sein.

Und würde es nie wieder sein.

3

Ein neuer Morgen kommt,
wenn du den heutigen Tag überlebst.
Mach einen Schritt
nach dem anderen.

Der Lastwagen brachte mich zum Zoo, wo ich mit anderen jungen jüdischen Männern in eine Lagerhalle gesperrt wurde. Als ich dort ankam, waren wir insgesamt etwa dreißig. Die ganze Nacht zerrten die Schurken weitere Menschen dort hinein, und als wir hundertfünfzig waren, luden sie uns wieder auf Lastwagen. Während der Fahrt erzählten mir die anderen Männer von den Schrecken der Pogromnacht, von den Plünderungen, den brennenden Synagogen. Ich war schockiert, entsetzt und machte mir große Sorgen um meine Familie. Damals begriffen wir noch nicht, dass dies nur der Beginn des Albtraums war. Es würde noch viel, viel schlimmer kommen.

Der Lastwagen verließ die Stadt und brachte uns in ein Konzentrationslager namens Buchenwald. Die Nazischergen hatten mich so schlimm verprügelt, dass der Lagerkommandant bei meinem Anblick in Panik geriet und mich, zerschlagen und blutbefleckt, wie ich war, ins nächste Krankenhaus bringen ließ, das achtunddreißig Kilometer entfernt lag. Dort ließen sie mich zwei Tage unbewacht liegen, sodass ich mich unter der Obhut deutscher Krankenschwestern von meinen Verletzungen erholen konnte. Ich fragte eine von ihnen, was passieren würde, wenn ich flüchtete. Sie sah mich traurig an.

»Haben Sie Eltern?«, fragte sie.

»Natürlich.«

»Wenn Sie flüchten, wird man eine Viertelstunde später Ihre Eltern verhaften und aufhängen.«

Damit war das Thema Flucht erledigt. Ich hatte keine Ahnung, was aus meinen Eltern geworden war. Waren sie vor dem Angriff der Nazis aus Leipzig entkommen? Hatten sie bei Freunden oder Verwandten Zuflucht gefunden? Oder hatten die Nazis sie erwischt? Waren sie irgendwo in Deutschland eingesperrt? Ich wusste es nicht, und meine Angst und Sorge hielten mich so wirksam in Gefangenschaft, als hätte man einen Wächter vor meine Tür gestellt. Als ich mich so weit erholt hatte, dass ich außer Lebensgefahr war, kamen die Nazis und brachten mich zurück ins Lager.

Bei meiner Ankunft in Buchenwald war ich zunächst erleichtert. Man hatte mich medizinisch versorgt, und ich war umgeben von anderen Deutschen, die meisten von ihnen gesittete Akademiker aus der Mittelschicht. Mit einigen schloss ich sogar Freundschaft.

Mein bester Freund dort war Kurt Hirschfeld, ein junger deutscher Jude aus Berlin, der ebenfalls während der Pogromnacht verhaftet worden war. Irgendwie dachte ich, wir wären in Sicherheit. Aber das war ein schwerer Irrtum.

Buchenwald war das größte Konzentrationslager auf deutschem Boden. Der Name kam von den Buchenwäldern in der Nähe, die bald auch den Namen »Singender Wald« bekamen, weil dort die Schreie der gefolterten Häftlinge zu hören waren.

Die Ersten, die nach Buchenwald gebracht wurden, waren Kommunisten, die 1937 bei einer der ersten Verhaftungswellen zusammengetrieben worden waren. Danach kamen viele andere, die die Nazis für »Untermenschen« hielten, darunter politische Gefangene, Slawen, Freimaurer und Juden.

Bei unserer Ankunft war das Lager auf den starken Zustrom von Häftlingen noch gar nicht eingestellt. Es gab nicht genug Schlafsäle oder Baracken, sodass man uns in ein riesiges Zelt sperrte, wo wir auf dem Boden schliefen, bis es genug feste Unterkünfte gab. Eine Weile lebten zwölfhundert Tschechen eingepfercht in einem Stall, der für achtzig Pferde vorgesehen war. Sie schliefen zu fünft in einem Stockbett und schoben die Betten zusammen, sodass sie quer darin liegen konnten wie die Sardinen in der Büchse. Die Bedingungen waren furchtbar, Krankheiten und Hunger daher unvermeidlich.

Heute sind die Schrecken der Konzentrationslager zur Geschichte geronnen, und die Bilder sind allgemein bekannt: Bilder von Juden, halb verhungert, gefoltert, nach der unmenschlichen Misshandlung traumatisiert. Doch als ich in Buchenwald ankam, lag das alles noch in der Zukunft. Wir hatten keine Vorstellung davon, wozu die Nazischergen fähig waren. Wer hätte sich etwas Derartiges auch vorstellen können?

Wir begriffen gar nicht, warum man uns verhaftet und eingesperrt hatte. Wir waren doch keine Verbrecher! Wir waren brave Bürger, hart arbeitende ganz normale Deutsche. Wir standen in Lohn und Brot und hatten Haustiere. Wir liebten unsere Familien und unser Land, achteten auf gute Kleidung und unsere gesellschaftliche Stellung, genossen Musik und Literatur, guten Wein und Bier und drei anständige Mahlzeiten pro Tag.

Was die Mahlzeiten anging, so mussten wir uns von jetzt an mit einer Schüssel Reis und etwas gekochtem Fleisch zufriedengeben. Die wichtigen politischen Gefangenen erkannte man an den schweren Ketten, die sie tragen mussten und die ihre Hand- und Fußgelenke miteinander verbanden. Diese Ketten waren so kurz und schwer, dass die Männer beim Essen nicht stehen konnten, sondern sich über ihre Schüssel beugten. Löffel bekamen wir nicht, wir mussten mit den Fingern essen. Das wäre noch nicht einmal so schlimm gewesen, wenn die hygienischen Verhältnisse nicht so katastrophal gewesen wären. Es gab kein Toilettenpapier, sodass wir uns den Hintern mit irgendwelchen Lumpen abwischen mussten – oder eben mit den Händen. Es gab auch keine richtigen Toiletten, sondern lediglich eine riesige Latrinengrube in Form eines langen Grabens, die wir gemeinsam mit bis zu fünfundzwanzig anderen Männern besuchen mussten. Kannst du dir diesen Anblick vorstellen? Fünfundzwanzig Männer, darunter Ärzte, Rechtsanwälte und andere Akademiker, die vorsichtig auf zwei Holzbalken über einem Graben voller menschlicher Exkremente balancieren, um sich zu erleichtern.

Meine Freundin, mein Freund, wie soll ich erklären, was für ein surreales, schreckliches Erlebnis das alles war? Ich verstand nicht, was passiert war. Und, ehrlich gesagt, verstehe ich es bis heute nicht und glaube nicht, dass ich es jemals verstehen werde.

Wir gehörten zu einer Nation, die die Herrschaft des Rechts über alles stellte. Zu einer Nation, in der die Menschen keinen Abfall auf die Straße warfen, weil schmutzige Straßen so unangenehm waren. Wenn man eine Zigarettenkippe aus dem Autofenster warf, konnte man zu einem Bußgeld von zweihundert Mark verurteilt werden. Und jetzt war es auf einmal erlaubt, ja erwünscht, dass man uns schlug.

Tatsächlich schlug man uns wegen der kleinsten Vergehen. Eines Morgens verschlief ich die Glocke, die zum Appell rief, und wurde dafür ausgepeitscht. Ein anderes Mal verprügelte man mich mit einem Gummiknüppel, weil ich das Hemd nicht ganz in die Hose gesteckt hatte.

Jeden Morgen spielten die Nazis ein fürchterliches Spiel. Sie öffneten die Tore und ließen zweihundert oder dreihundert Menschen hinaus. Wenn die armen Teufel dreißig oder vierzig Meter weit gekommen waren, mähten sie sie mit ihren Maschinengewehren nieder. Dann zogen sie die Toten aus, steckten sie in Leichensäcke und schickten sie nach Hause, begleitet von einem Brief mit dem Wortlaut: »Ihr Ehemann/Bruder/Sohn kam bei einem Fluchtversuch ums Leben.« Die Kugel im Rücken diente als Beweis. Auf diese Weise lösten die Schweine das Problem der Überbelegung in Buchenwald.

Otto von Bismarck, der erste Reichskanzler des vereinten Deutschen Reichs, hat die Welt einmal vor dem deutschen Volk gewarnt. Mit einem guten Führer, so sagte er, seien die Deutschen die größte Nation der Erde. Mit einem schlechten Führer seien sie Ungeheuer. Für die Wachen, die uns drangsalierten, war Disziplin wichtiger als Vernunft. Wenn man ihnen den Befehl gab, zu marschieren, dann marschierten sie. Wenn man ihnen befahl, einem Mann in den Rücken zu schießen, taten sie auch das. Und sie fragten nie nach Richtig oder Falsch. Die Deutschen machten die Logik zu ihrer Religion, und das machte sie zu Mördern.

Es dauerte nicht lange, dann wünschten sich viele von uns den Tod. Ich kannte einen Zahnarzt, Dr. Cohen, den die SS-Leute so schlimm verprügelten, dass er einen Magenriss davontrug. Angesichts eines langsamen, quälenden Todes bezahlte er jemandem fünfzig Mark, etwa einen Wochenlohn, für eine eingeschmuggelte Rasierklinge. Als Mediziner wusste er genau, welche Arterien er durchschneiden musste und wie lange es dauern würde, bis er starb. Er entwickelte den Plan, sich genau in die Mitte des Latrinenbalkens zu setzen, und zwar zu einer Zeit, wenn ihm siebzehn Minuten blieben, bis er genug Blut verloren hatte. Dann würde er rücklings in die Latrine fallen, aus der sie ihn nicht wieder herausziehen würden. Wenn sie das doch täten, würden sie ihn abwaschen, zusammenflicken, bestrafen und ihm sagen: »Du stirbst, wann wir das wollen, keine Minute früher.« Der arme Kerl hatte mit seiner grausigen Aktion Erfolg – er entkam den Nazis auf seine eigene Weise.

So sah Deutschland im Jahr 1938 aus. Vollkommen verwandelt, ohne Moral, ohne Respekt und menschlichen Anstand. Doch nicht alle Deutschen hatten den Verstand verloren.

Einer der ersten Nazisoldaten, die ich in Buchenwald traf, war ein vertrautes Gesicht. Ich kannte ihn aus dem Waisenhaus, in dem ich während meiner Ausbildung gelebt hatte. Er hieß Helmut Hoer und war immer freundlich zu mir gewesen, solange ich unter der falschen Identität des Jungen namens Walter Schleif lebte.

»Walter!«, sagte er zu mir. »Was machst du denn hier?«

»Ich heiße nicht Walter«, erwiderte ich, »sondern Eddie.«

Dann spuckte ich ihm vor die Füße und sagte ihm, wie schockiert ich sei und wer ich wirklich war. Ich sagte ihm, ich könne einfach nicht glauben, dass er, der einmal mein Freund gewesen war, ein guter Mann, jetzt bei der SS sei.

Der arme Helmut, er wusste ja nicht, dass ich Jude war. Ich habe nie jemanden gesehen, der so verwirrt und schockiert war. Er sagte, er würde mir gern helfen. Eine Flucht könne er nicht organisieren, aber er würde tun, was er konnte. Und tatsächlich ging er zum Lagerkommandanten und sagte ihm, ich sei ein guter Mann und ein ausgezeichneter Werkzeugmacher.

Die Nazis brauchten Werkzeugmacher. Das Dritte Reich bereitete sich auf den »totalen Krieg« gegen die ganze Welt vor. In einem totalen Krieg gibt es keinen Unterschied mehr zwischen Soldaten und Zivilisten, schuldig und unschuldig, Militär und Industrie. Die deutsche Gesellschaft wurde komplett auf Kriegswirtschaft umgestellt und sollte Waffen produzieren, sodass jeder, der Ahnung von Maschinen oder deren Produktion hatte, ein Zugewinn für die Kriegsanstrengungen war. Nicht lange nach Helmuts Eintreten für mich wurde ich ins Büro des Lagerkommandanten gerufen, wo sie mich fragten, ob ich für sie arbeiten wolle.

»Ja.«

»Für den Rest deines Lebens?«

»Ja.«

Dieses Ja kostete mich nichts. Die Juden waren wieder einmal, wie schon so viele Male über die Jahrhunderte hinweg, zum Sündenbock gemacht worden, aber die Gier nach Geld und Produktivität überwog auch im Dritten Reich noch den Wahnsinn des reinen Hasses. Wir waren Gefangene, aber wenn der deutsche Staat mit uns Geld verdienen konnte, dann waren wir immer noch nützlich.

Sie legten mir einen Vertrag zur Unterschrift vor und dazu eine Erklärung, dass sie mich gut versorgt und ernährt hätten und dass mein Aufenthalt im Lager angenehm gewesen sei. Dann planten sie meine Verlegung und erlaubten meinem Vater sogar, mich in Buchenwald abzuholen und für ein paar Stunden nach Hause mitzunehmen, sodass ich meine Mutter sehen konnte. Dann sollte er mich zu der Fabrik bringen, in der ich bis zum Tag meines Todes arbeiten würde.

Nach der Pogromnacht war meine Familie nach Leipzig zurückgekehrt und wartete nun still auf bessere Zeiten. Eigentlich wollten sie aus Deutschland fliehen, aber sie mochten mich nicht allein zurücklassen.

Mein Vater war außer sich vor Freude, dass er eine Gelegenheit fand, mir zur Freiheit zu verhelfen. Am 2. Mai 1939 pünktlich um sieben Uhr holte er mich mit einem

Mietwagen ab. Und so verließ ich Buchenwald sechs Monate nach meiner Ankunft.

Mein Freund, meine Freundin, kannst du dir vorstellen, wie gut sich das anfühlte? Wie schön es war, dass mein Vater vor dem Tor des Lagers Buchenwald vorfuhr und mich umarmte? Dass ich auf der Beifahrerseite einsteigen konnte und in die Freiheit fuhr? Es war wie im Paradies. Ein Gefühl von Freiheit und dem Ende der Verfolgung.

In den folgenden Jahren habe ich mich oft an dieses Gefühl erinnert und mir gesagt, wenn ich noch einen Tag überlebe, eine Stunde, eine Minute, dann endet der Schmerz und das Morgen kann kommen.

4

Freundlichkeit
kannst du überall finden,
auch bei Fremden.

Mein Vater sollte mich in eine Luftfahrtfabrik in Dessau bringen, wo man mich als Werkzeugmacher angefordert hatte. Stattdessen fuhren wir in die entgegengesetzte Richtung, zur Grenze. Wir wollten aus diesem Land fliehen, es konnte sein, dass dies unsere einzige Chance war. Meine Mutter und Schwester, die sich noch in Leipzig aufhielten, würden uns folgen, wir würden uns alle in Belgien wiedersehen.

Wir hatten kein Gepäck und nur wenig Geld bei uns, denn das Risiko war zu groß, dass die Deutschen den Wagen durchsuchten und feststellten, dass wir uns auf eine größere Reise vorbereitet hatten. Wir fuhren zur Grenzstadt Aachen, wo wir in einem Restaurant den Schleuser trafen, der uns für Geld von Deutschland nach Belgien bringen sollte. Den Mietwagen ließen wir stehen und fuhren mit einer kleinen Gruppe von Flüchtlingen und dem Schleuser, der am Steuer saß, durch die Nacht eine dunkle Forststraße entlang, um an einen einsamen Grenzabschnitt zu kommen, wo nur wenige Menschen lebten. Der Schleuser hatte versprochen, uns nach Belgien zu bringen, doch er setzte uns noch in den Niederlanden ab, wo wir nun mit sieben weiteren Flüchtlingen am Straßenrand standen. Es war eine jener Straßen, die in ganz Europa Neid erweckten: breit, gut gebaut und anderthalb Meter über einem Entwässerungsgraben gelegen. In diesem Graben versteckten wir uns und warteten auf eine Gelegenheit, weiterzulaufen. Der Schleuser warnte uns, demnächst würde ein Lastwagen mit Suchscheinwerfer auf der Ladefläche vorbeikommen. Wir sollten warten, bis der Lastwagen vorbeigefahren war, und dann sofort, so schnell wie möglich, losrennen, bevor der Scheinwerfer zurückschwenkte und uns erfasste. Sobald wir über die Grenze kämen, sollten wir etwa zehn Kilometer weiterlaufen, dann befänden wir uns auch rechtlich gesehen in Belgien, wo das Naziregime keine Handhabe hätte. Viele Juden, die in die Niederlande geflohen waren, wurden nämlich nach Deutschland zurückgeschickt. Belgien nahm mehr Menschen auf, die vor der wachsenden Verfolgung in Deutschland flohen.

Ich war nervös, verschwitzt und sehr besorgt, dass wir es nicht schaffen würden, aber mein Vater blieb ganz ruhig. Er sagte mir, ich sollte ganz in seiner Nähe bleiben, er würde nach mir greifen, wenn irgendetwas schiefliefe. Dann kam auch schon der Lastwagen angerattert und machte einen Mordslärm. Das Licht blendete mich, aber ich spürte eine Hand, die mich am Gürtel festhielt. Mein Vater ist ja hier, sagte ich mir, obwohl ich große Angst hatte, durchzudrehen. Wir warteten, und Sekunden nachdem der Lastwagen vorbeigefahren war, rannte ich mit der ganzen Gruppe los. Wir schafften es in den Graben auf der belgischen Seite, gerade bevor der Suchscheinwerfer in unsere Richtung schwenkte. Erst da begriff ich zu meinem namenlosen Schrecken, dass die Hand an meinem Gürtel nicht meinem Vater gehörte, sondern einer von den Frauen aus der Gruppe. Mein Vater war dicht hinter uns. Er war stehen geblieben, um einer Frau die Böschung hinaufzuhelfen, und war auf halbem Weg über die Straße, als der Suchscheinwerfer zurückschwenkte. Nun musste er sich blitzschnell entscheiden: Zurück in die Niederlande, wo man ihn möglicherweise fassen würde, oder auf die belgische Seite rennen und uns alle in Gefahr bringen. Tapfer, wie er war, entschied er sich zum Umkehren und verschwand auf der niederländischen Seite.

Ich machte mir große Sorgen um ihn, hatte aber keine andere Möglichkeit, als weiterzulaufen. Wir hatten verabredet, uns in einem Hotel in dem kleinen belgischen Ort Verviers zu treffen, wenn wir getrennt würden. Also nahm ich mir dort ein Zimmer und wartete voller Angst eine ganze Nacht und einen Tag, bis mein Vater tatsächlich auftauchte. Allerdings war er schwer verletzt.

Belgische Gendarmen hatten ihn gefasst, als er wieder versucht hatte, die Grenze zu überqueren, und ihn geschlagen. Er hatte nur wenig Geld bei sich, bot den Polizisten aber seine aus Platin gefertigten Manschettenknöpfe an, wenn sie ihn laufen ließen. Der Hauptmann schaute sich die Manschettenknöpfe an und erklärte, sie seien gar nicht aus Platin, und übergab meinen Vater der Gestapo. Doch es war ihm gelungen, aus dem bewachten Zug mit Lagerhäftlingen zu entkommen – er hatte einfach die Notbremse gezogen und war losgerannt, sobald der Zug anhielt. In der folgenden Nacht hatte er es dann geschafft, die Grenze zu überqueren, sodass wir uns in dem Hotel wiedersahen.

Am nächsten Morgen fuhren wir nach Brüssel, wo meine Familie eine Wohnung im Herzen der Stadt gemietet hatte. Es war eine sehr schöne Wohnung, komfortabel und mit genug Platz für uns alle, auch für meine Mutter und meine Schwester. Aber die beiden kamen nicht. Sie hätten auf dieselbe Weise wie wir die Grenze überqueren sollen, waren aber vorher verhaftet worden und saßen in Leipzig im Gefängnis.

Als wir zu Hause anriefen, ging jemand von der Gestapo ans Telefon und sagte mir, man würde meine Mutter töten, wenn ich nicht sofort zurückkäme.

Was sollte ich tun? Ich konnte meine Mutter doch nicht opfern, konnte sie nicht in eine solche Gefahr bringen. Ich bat darum, sie eine Minute lang sprechen zu dürfen, und sobald sie den Hörer in der Hand hatte, rief sie: »Nicht zurückkommen! Das ist eine Falle! Sie bringen dich um!« Dann war die Leitung tot.

Erst viel später erfuhr ich, dass der Gestapo-Mann meiner armen Mutter den Telefonhörer ins Gesicht geschlagen hatte. Dabei brach ihr Jochbein, das nie mehr richtig verheilte, sodass sie für den Rest ihres Lebens eine Delle und eine hässliche Narbe im Gesicht hatte, die sie mit einem Pflaster verdecken musste.

Kannst du dir vorstellen, wie entsetzt ich war? Ich rannte wütend los, wild entschlossen, sofort nach Deutschland zurückzukehren. Schließlich sollte meine Mutter doch nicht meinetwegen leiden!

Aber mein Vater verbot es mir, und wir stritten erbittert darüber. Er war überzeugt, wenn ich mich stellte, wäre ich so gut wie tot.

»Du fährst nicht!«, rief er unter Tränen. »Ich will dich nicht auch noch verlieren.«

Meine Mutter blieb drei Monate in Haft, bis sie die Beamten überreden konnte, sie und meine Schwester freizulassen. Sobald sie draußen waren, fuhr sie mit meiner Schwester nach Aachen, wo sie den Schleuser trafen, der auch meinen Vater und mich über die Grenze nach Belgien gebracht hatte. Wir alle hätten uns in Brüssel treffen sollen.

Doch bis sie dorthin kamen, war ich schon fort.

Zwei Wochen.

Zwei Wochen lang war ich frei, dann wurde ich von belgischen Gendarmen verhaftet. Diesmal nicht als Jude, sondern als Deutscher, der illegal über die Grenze gekommen war. In Deutschland galt ich nicht als Deutscher, sondern als Jude. In Belgien galt ich nicht als Jude, sondern als Deutscher. Meine Lage war aussichtslos. Ich wurde verhaftet und ins Internierungslager Eksaarde gesteckt, wo bereits viertausend andere Deutsche saßen.

So befand ich mich diesmal also in der Gesellschaft der verschiedensten Deutschen. Die meisten waren vor den Nazis geflüchtet: Sozialisten, Kommunisten, Homosexuelle, Menschen mit Behinderungen. Die Verhältnisse im Lager waren zwar nicht angenehm, aber bemerkenswert zivilisiert verglichen mit dem rohen Sadismus in Buchenwald. Wir genossen gewisse Freiheiten und konnten uns bis zu zehn Kilometer weit vom Lager entfernen, solange wir wieder pünktlich zurückkamen. Jeder hatte ein eigenes Bett, es gab drei Mahlzeiten pro Tag und zum Frühstück sogar Brot mit Margarine und Marmelade oder Honig. Wir wurden also gut ernährt und konnten in gewisser Weise ein menschenwürdiges Leben führen. Schlimm war vor allem, dass ich keinen Kontakt zu meiner Familie hatte. Sie waren in Belgien, aber wenn ich Verbindung zu ihnen aufgenommen hätte, wäre den Behörden ja ihr Aufenthaltsort bekannt geworden.

Ich richtete eine Petition an die belgische Regierung: »Ich weiß nicht, warum Sie mich im Lager festhalten, nur weil ich Deutscher bin. Ich bin kein Nazi, ich habe auch nie mit ihnen kollaboriert. Wenn Sie mir Gelegenheit geben, mein Französisch zu verbessern, bin ich gern bereit, junge Menschen in Ihrem Land in Feinmechanik zu unterrichten.« Diesem Antrag wurde stattgegeben. Ich bekam eine Kennkarte, die es mir erlaubte, jeden Tag mit dem Zug nach Gent zu fahren. Diese wunderschöne alte Stadt lag im flämischen Teil des Landes, etwa zwanzig Kilometer vom Lager entfernt, sodass ich einen Passierschein brauchte. Jeden Morgen um sieben Uhr ging ich zur Polizeiwache, ließ meinen Passierschein abstempeln und fuhr dann zur Universität, wo ich als Dozent an der Fakultät für Ingenieurwesen unterrichtete. In der Zwischenzeit lernte ich Flämisch, verbesserte mein Französisch und freundete mich mit vielen Universitätsangehörigen an.

Auch einige Mithäftlinge wurden gute Freunde. Und das Schönste: Mein Freund Kurt aus Buchenwald war ebenfalls dort. Er war aus dem KZ geflohen und nach Brüssel gekommen, wo man ihn genau wie mich verhaftet hatte. Er hatte keine Arbeit, aber wir trafen uns jeden

Abend und verbrachten Zeit miteinander. Ein weiterer Jude schloss sich uns an, Fritz Löwenstein, ein begabter Schreiner, der mich darin bestärkte, das Beste aus meiner Situation zu machen und meine Kenntnisse zu nutzen.

Wir blieben fast ein Jahr dort, genauer gesagt bis zum 10. Mai 1940, als die deutschen Truppen Belgien überfielen. Von diesem Tag an war Belgien kein sicheres Land mehr für uns. Unter den Internierten befanden sich einige politische Häftlinge, die hochrangige deutsche Politiker gewesen waren und dem Aufstieg der Nazis Widerstand entgegengesetzt hatten. Sie hatten Pläne entwickelt, nach dem Sturz des Dritten Reichs aus den Trümmern der deutschen Demokratie etwas Neues aufzubauen. Einer dieser Männer war der sehr freundliche und kluge Artur Egon Bratu, der in der Weimarer Republik aktiver Sozialdemokrat gewesen war.

Er war ein sehr ruhiger, inspirierender Anführer, und selbst im Exil hielt er sich unerschütterlich an der Hoffnung fest, dass er eines Tages nach Deutschland zurückkehren und mithelfen würde, dem Wahnsinn ein Ende zu setzen. Bald war ich entschlossen, diesem Mann zu folgen, was auch immer geschehen würde. Er war stark und würde irgendwie überleben.

Es gab Pläne, uns nach Großbritannien zu evakuieren; tatsächlich wurde ein Schiff organisiert, das uns von Ostende über den Kanal bringen sollte. Doch unglücklicherweise handelte es sich bei dem verantwortlichen belgischen Beamten um einen Kollaborateur, der uns den Nazis ausliefern wollte. Er sorgte dafür, dass das Schiff bereits abgefahren war, als wir nach Ostende kamen. Da wir alle nicht wussten, wie es weitergehen sollte, beschloss Bratu, der kurzerhand die Führung übernahm, uns nach Dünkirchen zu bringen, das etwa fünfzig Kilometer entfernt lag. In der französischen Hafenstadt würde es Schiffe geben, vielleicht konnten wir von dort aus den Kontinent verlassen. Also marschierten wir los Richtung Frankreich und hofften, wir würden dort Hilfe finden.

Der Marsch nach Dünkirchen dauerte etwa zehn Stunden. Währenddessen strömten deutsche Truppen nach Frankreich und Belgien – die deutschen Panzer hatten kaum zwei Wochen gebraucht, um die Alliierten vernichtend zu schlagen und zum Rückzug zu zwingen. So tauchten wir ausgerechnet in dem Moment in Dünkirchen auf, als dort die britischen Truppen evakuiert wurden. Der »Blitzkrieg« hatte jeglichen bewaffneten Widerstand vernichtet, und nun saßen die Reste der britischen Truppen unter heftigem Bombardement durch die Deutschen an der Küste und warteten darauf, von zivilen Schiffen gerettet zu werden.

Viele Tausend alliierte Soldaten lagen tot am Strand, überall Explosionen und Geschützfeuer. Die Überlebenden hielten sich die Deutschen, so gut sie konnten, mit Handfeuerwaffen vom Leib, während die Evakuierung mit kleinen Schiffen quälend langsam vor sich ging. Es blieben nur noch zwölf Stunden Zeit, um wenigstens die Soldaten wegzubringen, die noch gehen konnten. Die Toten mussten sie ohnehin zurücklassen.

Wir baten die Verantwortlichen, unser zerzaustes Dutzend mitzunehmen, aber der Offizier weigerte sich. »Wir haben gerade genug Platz für die britischen Soldaten«, erklärte er. »Es tut mir wirklich leid.«

Fritz hatte eine Idee. Er hatte den Leichnam eines bedauernswerten britischen Soldaten entdeckt, der etwa seine Größe hatte, und zog ihm die Uniform aus. Auf diese Weise kam er auf eins der Evakuierungsschiffe und wurde in Sicherheit gebracht. Ich versuchte, es ihm gleichzutun. Ein junger britischer Soldat, der erschossen worden war, lag halb über einen Balken gebeugt. Schon als ich seine Jacke aufknöpfte, um sie mir von ihm zu leihen, fühlte ich mich elend, aber als ich ihn umdrehte, um ihm die Uniformhose auszuziehen, sah ich, dass er eine schwere Bauchverletzung erlitten hatte, und konnte nicht weitermachen. Natürlich wäre es vernünftig gewesen, zu improvisieren und alle Möglichkeiten zu nutzen, aber ich konnte diesem armen toten Soldaten nicht auch noch die Würde rauben, das Letzte, das Einzige, was ihm der Krieg nicht genommen hatte.

Wir steckten direkt zwischen den Deutschen und den Allliierten fest. Die schwere Artillerie kam näher, deutsche Flugzeuge kreischten über uns. Im Chaos der Evakuierung verlor ich den Anschluss an meine Gruppe, und als ich mich plötzlich allein fand, beschloss ich, zu Fuß nach Südfrankreich zu gehen, wo es vielleicht eine andere Rettungsmöglichkeit gab. Und so marschierte ich los, in der Gesellschaft Tausender Flüchtlinge, die sich in einem langen Treck durch ganz Frankreich bewegten.

So kam ich irgendwann in den Süden des Landes. Zweieinhalb Monate lang marschierte ich, von Sonnenaufgang bis Sonnenuntergang. Es dauerte ewig, denn ich musste mich auf Nebenstraßen bewegen und durch kleine Dörfer gehen, wo die Gefahr nicht so groß war, deutschen Soldaten und SS-Offizieren zu begegnen, die Jagd auf entflohene Häftlinge machten.

Und ich kann dir sagen, nie habe ich so viel Freundlichkeit von fremden Menschen erlebt wie in diesen kleinen französischen Dörfern. Ich schlief im Freien, manchmal in Toreinfahrten, manchmal versteckt an öffentlichen Plätzen, und ging früh los, um keinen Verdacht zu erregen. Die Nazis hatten die Macht in Frankreich übernommen, und es gab viele Kollaborateure, die mit den Besatzern zusammenarbeiteten. Oft ging ich los, wenn es noch dunkel war. Aber wenn mich die Dorfbewohner sahen, fragten sie immer, ob ich schon gegessen hätte, ob ich hungrig sei. Und sie luden mich ein, mit ihnen zu frühstücken. Diese Menschen hatten selbst nicht viel, sie waren arme Bauern, die unter den Entbehrungen des Krieges bereits jetzt litten, doch sie waren bereit, alles mit mir zu teilen. Mit einem Fremden – mit einem Juden. Sie wussten, dass sie damit unter Umständen ihr Leben aufs Spiel setzten, aber sie halfen mir trotzdem. Manche von ihnen litten selbst Hunger, doch sie schnitten das letzte Brot auf und gaben mir etwas davon mit. Nicht ein einziges Mal musste ich um Essen betteln oder gar stehlen, um zu überleben. Nach dem Krieg hat sich gezeigt, dass die Franzosen mit zu den tapfersten und rechtschaffensten Europäern gehörten, wenn es darum ging, Juden und andere Verfolgte zu verstecken und zu beschützen.

In Lyon gab es so viele Flüchtlinge, dass die Straßen gesperrt werden mussten, sodass ich nicht weiterkam. Erschöpfung und Mangel hatten mich krank und schwach gemacht. Ich ging in eine öffentliche Toilette, um mich zu waschen. Dort war es üblich, dass man einen Franc an die Toilettenfrau bezahlte. Dafür bekam man ein Handtuch, und die Frau putzte alles, wenn man fertig war. Ich gab ihr also meinen Franc, und sie zeigte mir die strahlend saubere Toilette. Meinen Mantel nahm sie mir ab. Ich hatte mich gerade hingehockt, als die Tür aufging und eine Gruppe wütender Frauen mich herauszerrte – die Hose hing mir auf den Knien. Sie traten mich und spuckten mich an und schrien »Parachutiste!« Deutschland setzte zu dieser Zeit überall in Europa Spione per Fallschirm hinter den feindlichen Linien ab. Die Männer hatten ein Funkgerät bei sich und lenkten die Bomber auf ihre Ziele.

Die Toilettenfrau hatte meine Manteltaschen durchsucht und meinen deutschen Pass gefunden. Und nun dachte sie, ich sei ein deutscher Spion. Es war wirklich ein schwarzer Tag für mich, denn im selben Moment kam ein deutscher Soldat vorbei, hörte den Aufruhr und schaute nach, was denn los sei. So wurde ich wieder verhaftet, diesmal von den Deutschen – weil ich Jude war.

Man schickte mich in ein Konzentrationslager namens Gurs in der Nähe von Pau im Südwesten Frankreichs. Es war sehr einfach und primitiv; man hatte es 1936 eilig gebaut, um spanische Bürgerkriegsflüchtlinge unterzubringen. Aber ich bekam immerhin ein eigenes Bett und drei Mahlzeiten pro Tag. Sieben Monate blieb ich dort und hätte den Krieg in stillem, wenngleich würdevollem Elend aussitzen können, hätte mich nicht eine grausame Wendung des Schicksals getroffen.

Hitlers Besessenheit von den europäischen Juden wurde immer schlimmer, vor allem in Bezug auf diejenigen, die in die inzwischen besetzten Länder geflüchtet waren. Viele von uns waren hochgebildete Akademiker, Ärzte, Wissenschaftler – genau die Leute, die er brauchte, um Wissenschaft und Industrie voranzubringen. Und er wollte uns wiederhaben. Gleichzeitig wollte der Präsident der Kollaborationsregierung in Vichy, Philippe Pétain, französische Kriegsgefangene zurückholen, die in Deutschland als Zwangsarbeiter eingesetzt wurden, und die ausländischen Juden in Frankreich waren seine Verhandlungsmasse.

Ich wusste nicht, was vor sich ging, bis der Lagerkommandant mich eines Tages in sein Büro rief. Er sagte, ich würde mit den übrigen Juden abtransportiert. Bis zu diesem Moment hatte ich nicht mal gewusst, dass es noch weitere Juden im Lager gab. Von den fast fünfzehntausend Häftlingen wurden nun also achthundertdreiundzwanzig in Züge gesteckt, immer fünfunddreißig pro Waggon. Als wir zum Bahnsteig geführt wurden, fragte ich einen der Wachleute, wohin der Zug uns bringen sollte. Er sagte mir, unser Ziel sei ein KZ in Polen. An diesem Tag hörte ich den Namen Auschwitz zum ersten Mal.

5

Umarme deine Mutter.

Von Auschwitz hatte ich noch nie etwas gehört, wie auch? Wie hätte sich irgendjemand vorstellen sollen, dass so etwas möglich wäre? Aber ich kannte die Nazis mittlerweile gut genug, um zu wissen, dass ich nicht noch einmal in so ein Lager wollte. Unser Zug befand sich noch in Frankreich, also auf vergleichsweise sicherem Boden. Er wurde von französischen Lokführern gefahren und von französischen Wachen bewacht. Ich beschloss, die Flucht zu versuchen.

Seit meiner Ausbildung als Ingenieur wusste ich, dass es auf jedem französischen Bahnhof einen kleinen Werkzeugkasten mit Schraubendreher und verstellbarem Schraubenschlüssel gab. Als die Wachen kurz abgelenkt waren, nahm ich das Werkzeug an mich und versteckte es in meiner Jacke. Dann ging ich zum Lokführer und fragte ihn, wie lange es dauern würde, bis wir auf deutschem Gebiet ankämen. Er sagte, in neun Stunden wären wir in Deutschland. Neun Stunden blieben mir, um aus diesem Zug herauszukommen. Danach wäre alle Hoffnung auf Freiheit dahin.

Sobald der Zug losfuhr, machte ich mich an die Arbeit. Ich drehte alle Schrauben aus den Bodenbrettern; allerdings hatte ich nicht gewusst, dass die Bretter auch noch untereinander verbunden waren. Nut und Feder hielten sie fest, sodass man sie nicht auseinanderbekam, auch wenn sämtliche Schrauben draußen waren. Aber mein Schraubendreher war zu allerlei gut, und so fing ich an, auf zwei Bodenbretter einzuhacken, um sie voneinander zu lösen. Das dauerte fast neun Stunden, und als ich fertig war, befanden wir uns nur noch zehn Kilometer von der Grenze bei Straßburg entfernt. Mir lief die Zeit davon.

Neun von uns, die sehr mager waren, quetschten sich in ihrer Verzweiflung durch das Loch und verschwanden. Wir krabbelten hindurch wie Spinnen und klammerten uns an der Unterseite fest. Ich hing an den Fingerspitzen, bis ich an den Bewegungen des Zugs und den Lichtern erkannte, dass wir jetzt bald in Straßburg sein würden, wo man uns sicher erwischen würde. Also brüllte ich den anderen zu, sie sollten loslassen, und wir ließen uns auf die Schienen fallen, wo wir uns so flach wie möglich hinlegten und unsere Köpfe mit den Händen schützten, bis der Zug über uns hinweggerauscht war. Eine lose Kette an der Unterseite hätte uns leicht erschlagen können.

Dann war der Zug weg und ich sah den Himmel über mir.

Wir beschlossen, uns zur Sicherheit zu trennen und in verschiedene Richtungen zu gehen. Es dauerte nicht lange, dann waren die anderen in der Finsternis verschwunden. Keinen von ihnen habe ich je wiedergesehen. Ich überlegte, in welche Richtung ich wohl gehen müsste, um nach Brüssel zu kommen, das mehr als vierhundert Kilometer entfernt lag, und machte mich auf den Weg. Einen Bahnhof zu betreten und mit dem Zug zu fahren wagte ich nicht; man würde mich sicher verhaften. Stattdessen beschloss ich, vor dem Bahnhof zu warten und auf den ersten Zug aufzuspringen, der in meine Richtung fuhr. Ich würde wieder abspringen müssen, bevor der Zug den nächsten Bahnhof erreichte, denn überall waren Soldaten, die die Züge durchsuchten, und wenn man mich erwischte, wäre das mein sicheres Ende. Auf diese Weise, indem ich nachts auf Züge aufsprang und sie wieder verließ, bevor es brenzlig wurde, kam ich nach fast einer Woche in Brüssel an.

Sofort begab ich mich zu der schönen Wohnung, in der meine Eltern gewohnt hatten, und klingelte, doch der Mann, der mir öffnete, wusste nicht, was aus ihnen geworden war. Als Nächstes nahm ich Verbindung zu einem Freund unserer Familie auf, DeHeert, von dem ich hoffte, er könnte mir etwas über den Verbleib meiner Eltern sagen. Er und mein Vater waren seit Jahren befreundet, er hatte uns oft in Leipzig besucht, als ich noch ein Kind gewesen war, und wir schickten uns jedes Jahr Weihnachtskarten. Als Polizeioffizier in Brüssel hatte er gute Verbindungen. Da mein Vater ihm vertraute, gehörte er zu unserem Fluchtplan. Mein Vater hatte mit ihm verabredet, dass er unser Kontaktmann sein würde, wenn unsere Familie getrennt würde. DeHeert würde ihn informieren, wenn er von den anderen hörte.

Ich erinnerte mich noch an den Bezirk, in dem er arbeitete, wusste also, wo ich ihn finden konnte. Wenig später traf ich ihn in seiner Polizeiwache, von wo aus er mich mitnahm in ein Café, in dem wir in Ruhe reden konnten. Dort erfuhr ich, dass meine Eltern aus der schönen Wohnung ausgezogen waren und sich außerhalb von Brüssel versteckten. Meine Schwester Henni war bei ihnen, es ging ihnen so gut, wie es eben möglich war in einem Land, das von den Deutschen besetzt war. Es gab ja ohnehin keine Alternative mehr, die Nazis waren überall.

DeHeert gab mir die Adresse, und wenig später waren wir alle wieder zusammen. Das Versteck befand sich auf dem Dachboden eines gewissen Monsieur Toher, der schon sehr alt war, fast hundert Jahre, und eine Pension betrieb. Er war ein freundlicher Mann, gläubiger Katholik und ohne große Ahnung von dem, was in der Welt vor sich ging. In seinem Alter kam er nicht mehr oft vor die Tür und hatte gar nicht richtig verstanden, dass er etwas Verbotenes tat, wenn er Juden auf seinem Dachboden beherbergte. Ich halte es für möglich, dass er nicht einmal wusste, was ein Jude ist.

Wir hatten also ein Versteck, aber meinen Eltern ging es gar nicht gut. Die Verletzungen, die mein Vater davongetragen hatte, als er mehr als ein Jahr zuvor von der belgischen Polizei verprügelt worden war, waren schlimmer, als er zunächst zugegeben hatte. Er war schlecht zu Fuß und hatte den Rest seines Lebens Probleme mit dem Magen.

Der Dachboden bestand aus zwei kleinen Zimmern und war eigentlich recht angenehm, aber weit von unserem früheren Leben entfernt. Es gab kein Bad und keine Toilette, sodass wir nachts die Treppe hinuntergehen mussten, wenn die anderen Hausbewohner schliefen. Aber mein Vater tat, was er konnte, um dafür zu sorgen, dass sich unsere Behausung heimelig anfühlte. Er trieb ein paar schöne Möbel auf und richtete alles so hell und fröhlich ein, wie es unter den gegebenen Umständen möglich war.

Zwei Monate lang lebten auch noch meine beiden Tanten, die Schwestern meiner Mutter, bei uns. Das ging eine Weile gut, doch dann begaben sie sich eines Tages zu unserer alten Wohnung in Brüssel, um nach der Post zu sehen, und dort wartete die Gestapo auf sie. Wir sahen die beiden nie wieder. Sie wurden verhaftet und mit Transport Nummer zwölf deportiert, der nach Auschwitz ging. Doch nicht einmal dort kamen sie lebend an. Der Zug wurde unterwegs umgeleitet und in einen Tunnel gefahren. Dann wurde der Tunnel verschlossen und Abgase hineingeleitet, sodass alle Insassen starben, Männer, Frauen und Kinder. Was danach mit ihnen geschah, ist nicht bekannt, es gibt keine Aufzeichnungen und auch keine Zeugenaussagen darüber. Wir werden wohl nie erfahren, wo meine ermordeten Tanten begraben wurden oder wo ihre Asche verstreut wurde. Noch heute tut mir das Herz weh, wenn ich daran denke.

Es war sehr gefährlich, nach draußen zu gehen. Wir durften niemandem trauen, jeder konnte uns denunzieren. Bei Tag ging ich gar nicht gern hinaus, denn meine dunklen Haare hätten mich bei den falschen Leuten leicht verraten können. Meine Schwester, die sehr hübsch war und blonde Haare hatte, sah »deutsch« genug aus, um ab und zu hinauszugehen und etwas zu essen aufzutreiben. Aber es war schwierig für uns. Wir hatten ja kein Geld, und, was noch schlimmer war, wir besaßen keine Lebensmittelkarten.

Durch den Krieg herrschte an beinahe allem Mangel. Ohne Lebensmittelmarken konnte man fast nichts zu essen bekommen, und ohne belgischen Pass gab es keine Lebensmittelmarken. In meiner Verzweiflung klapperte ich Dutzende Fabriken ab und bat um Arbeit, doch niemand wollte mich, weil ich keine Papiere hatte. Schließlich gab mir ein Mann namens Tenenbaum – ein niederländischer Name – doch noch einen Job. Ich sollte nachts, wenn niemand da war, die Maschinen in seiner Fabrik warten und reparieren, und er würde mich in Form von Zigaretten bezahlen. Meine Arbeit musste absolut geheim bleiben und mitten in der Nacht stattfinden. Das war schwierig, denn es gab eine nächtliche Ausgangssperre. Wer ohne Passierschein im Dunkeln draußen erwischt wurde, konnte ohne Vorwarnung erschossen werden. Sobald die Nacht hereinbrach, lief ich zur Fabrik, immer auf der Hut vor Patrouillen. In der Fabrik gab es eine kleine, gut versteckte Kapsel, die ich öffnen konnte und in der Tenenbaum jeden Abend hinterließ, welche Maschinen repariert werden mussten. Manchmal arbeitete ich die ganze Nacht, ständig im Wettlauf gegen die Zeit, damit ich bis Sonnenaufgang fertig war. Wegen der Ausgangssperre durfte kein Licht nach draußen dringen. Ich verhängte die Fenster mit schwarzem Papier, damit nicht auffiel, dass jemand in der Fabrik war. Und bevor die Sonne aufging, schlich ich mich wieder nach Hause, mit zehn Schachteln Zigaretten im Rucksack.

Nur – was um Himmels willen sollte ich mit all den Zigaretten anfangen? Wir brauchten etwas zu essen! Ich ging in mehr als hundert Läden und Firmen, um jemanden aufzutreiben, der mir die Zigaretten abkaufte, und fand mit sehr viel Glück tatsächlich eine freundliche Restaurantbesitzerin, Madame Victoire Cornand, die sich bereit erklärte, die Zigaretten zu verkaufen und auch gleich die nötigsten Dinge für uns zu besorgen. Jeden Abend auf dem Heimweg versteckte ich die Zigaretten in ihrem Hundezwinger, und sie verkaufte sie auf dem Schwarzmarkt. Wenn ich am nächsten Tag wieder vorbeikam, fand ich Lebensmittel vor: Kartoffeln, Brot, Butter, Käse. Fleisch gab es nicht, meine Familie bekam ein ganzes Jahr lang kein Fleisch zu essen. Selbst Menschen mit Lebensmittelkarte wie Madame Cornand bekamen keins, es gab einfach nichts. Aber das war uns gleich, wir überlebten auf diese Weise monatelang.

Eines Abends hörte ich auf dem Heimweg ein Auto hinter mir und musste mich in einer Einfahrt verstecken. Das gelang mir auch in allerletzter Sekunde, doch ich war nicht allein dort: Ein großer Bernhardiner schlief in der Einfahrt. Wie ich ihn übersehen konnte, weiß ich bis heute nicht, denn er war wirklich riesig und hatte einen Kopf wie ein Pferd. Er ging auf mich los und biss mir ein ordentliches Stück Fleisch aus dem Hinterteil. Und da konnte ich noch von Glück sagen, denn er hätte mich auch ganz leicht töten können. So humpelte ich nach Hause, wo ich kein Wort zu meinen Eltern sagte; ich wollte nicht, dass sie sich Sorgen machten. Auch bei Tag war es riskant, auf die Straße zu gehen, aber meine

Verletzung musste behandelt werden. Am Morgen suchte ich einen Apotheker auf, der mir eine Spritze und eine Dosis Tetanusimpfstoff gab, sodass ich mir selbst das Mittel spritzen konnte. Am Abend ging ich ganz normal zur Arbeit, wo ich meinen Chef traf, der Überstunden machte. Als ich ihm von meinem Erlebnis erzählte, sagte er mit einem Lachen: »Na, besser ein Biss in den Hintern als eine Kugel im Kopf.«

Ständig waren wir auf unsere Sicherheit bedacht. Mein Vater hatte den Eingang zu einem der Zimmer mit einer falschen Wand verdeckt und Bretter vor den Fenstern ausgelegt, sodass wir von einem Dach zum anderen laufen könnten, wenn die Polizei käme. Auch im Nebenhaus versteckte sich eine jüdische Familie mit drei kleinen Kindern. Eines Tages wurden die Eltern verhaftet, und da die Kinder nicht wussten, wohin sie sich wenden sollten, nahmen wir sie bei uns auf. Die beiden Jungen waren zwölf und dreizehn Jahre alt, das Mädchen zehn. Und jetzt waren sie Waisen. Meine Mutter behandelte sie, als wären sie ihre eigenen Kinder. Ihre Güte kannte einfach keine Grenzen.

Wenig später gab es eine wunderbare Überraschung für mich: Kurt Hirschfeld war in Brüssel! Er war wieder da, nachdem er aus dem französischen Internierungslager geflohen war. Vom Moment unseres Wiedersehens an waren wir wie Brüder. Er wohnte nicht bei uns, kam aber oft am Freitagabend zum Essen, wobei er immer im Dunkeln unterwegs war und allen Patrouillen aus dem Weg ging. Er lebte bei einem Cousin, der mit einer Engländerin verheiratet war, und wir konnten oft abends dort zusammen sein, bevor ich zur Arbeit ging. Ansonsten hatte er nicht mehr viel Familie: Seine Eltern waren noch in Berlin ermordet worden. Meine Mutter liebte Kurt und nahm ihn auf, als wäre er ihr eigener Sohn.

Manchmal, wenn ich nachts im Bett liege und zurückdenke, kommt es mir so vor, als wäre dies die beste Zeit meines Lebens gewesen. Ich fand es herrlich, mit meiner ganzen Familie auf dem Dachboden zu leben. Natürlich war es eng und manchmal unbequem, und ich arbeitete mir die Finger blutig, um uns irgendwie am Leben zu halten, aber wir waren zusammen. Von einem solchen Leben hatte ich in den einsamen Zeiten geträumt, als ich unter falschem Namen als Walter Schleif in Tuttlingen gelebt hatte – und später in Buchenwald. Ich war ein verängstigter, einsamer junger Mann gewesen und hatte mir nichts anderes gewünscht als dieses Leben mit meiner Familie. Und für ein paar wunderbare Monate wurde dieser Traum Wirklichkeit.

Elf Monate, um es genau zu sagen. Dann verschwand Kurt eines Tages. Ich befürchtete das Schlimmste – war er denunziert und von der SS verhaftet worden? Meine Sorge um ihn war groß, aber es sollte sich bald herausstellen, dass auch meine Tage in Belgien gezählt waren.

Eines Abends im Winter 1943 wurde meine Familie verhaftet, kurz nachdem ich zur Arbeit gegangen war. Die belgische Polizei durchsuchte unsere Wohnung und nahm meine Eltern und meine Schwester mit. Sie hätten noch weglaufen können, aber sie nutzten die wenige Zeit, die ihnen blieb, um die kleinen Kinder hinter der falschen Wand zu verstecken. Da der kleinere Junge einen Schnupfen hatte, gab ihm mein Vater sein Taschentuch, damit er draufbeißen konnte, um sich nicht durch ein Niesen zu verraten.

Die Polizisten wussten, dass ich zurückkommen würde, und warteten die halbe Nacht auf mich. Um zehn nach drei am frühen Morgen betrat ich den Dachboden und wurde von neun Polizisten erwartet, die halb schlafend im Dunkeln saßen. Ich beschimpfte sie, schrie sie an: »Verräter! Das wird euch noch leidtun!« Aber es half alles nichts. Sie brachten mich ins Gestapo-Hauptquartier nach Brüssel. Meine Familie war schon dort – ich kam zu meinem Vater in die Zelle, meine Mutter und meine Schwester waren in einer anderen untergebracht. Doch ein kleines Wunder war immerhin geschehen: Obwohl die Polizisten die ganze Zeit auf dem Dachboden gewesen waren, hatten sie die Kinder nicht bemerkt. Das rettete den dreien das Leben. Eine andere jüdische Familie nahm sie auf, und sie kamen sicher durch den Krieg. Viele Jahre später sah ich sie wieder. Sie haben ein langes, glückliches Leben gehabt, einer in Belgien, die anderen beiden in Israel. Und das alles hatten sie meinem Vater zu verdanken, dessen Mut und Geistesgegenwart sie gerettet hatte.

Unsere Familie wurde ins SS-Sammellager in Mecheln gebracht. Dort wurden Gruppen von Juden so lange eingepfercht, bis es für einen Transport nach Polen reichte. Die Deutschen waren entsetzlich effizient und sorgten dafür, dass die Züge immer voll ausgelastet waren. Dafür brauchten sie fünfzehnhundert Menschen, je hundertfünfzig pro Waggon.

Wir hatten große Angst, während wir dort in der Kälte warteten. Ich hatte ja bereits ein deutsches KZ erlebt und dachte, ich könnte mir den Albtraum in etwa vorstellen, der auf uns wartete. Doch was uns wirklich bevorstand, hätte ich nicht einmal ahnen können. Allerdings passierte auch etwas Wunderbares und ganz Unglaubliches: Auf der anderen Seite des Bahnhofs sah ich jemanden herumhüpfen, um meine Aufmerksamkeit auf sich zu ziehen. Ich traute meinen Augen nicht – es war Kurt! Er war während der Ausgangssperre in Brüssel von der Polizei aufgegriffen worden, und da er keine Papiere bei sich hatte und auch keine hundert Franc, verhafteten sie ihn als Landstreicher. Unglaublich, dass man wegen so vieler verschiedener Dinge verhaftet werden konnte: als Jude, als Deutscher, als Landstreicher! Das alles war schon vor ein paar Wochen passiert, aber sie hatten ihn in diesem Lager festgehalten, bis sie ihre fünfzehnhundert Juden für die Deportation beisammenhatten. Welch fürchterliche Umstände, und doch wie wunderbar, ihn wiederzusehen.

Es dauerte nicht mehr lange, dann hatten die Nazis genug unglückliche Seelen eingesammelt und fingen an, uns in Waggons zu pferchen: Männer, Frauen, kleine Kinder. Wir drängten uns Schulter an Schulter, dicht an dicht. Wir konnten zwar stehen und knien, aber Hinlegen war unmöglich, und wir konnten auch die Mäntel nicht ausziehen. Draußen war es eisig, aber im Inneren des Waggons wurde es bald unerträglich heiß und stickig.

Die Reise dauerte neun Tage und acht Nächte. Manchmal fuhr der Zug ziemlich schnell, manchmal schlich er nur dahin. Manchmal blieb er auch stundenlang stehen. Es gab nichts zu essen und sehr wenig Wasser. Jeder Waggon wurde mit einem Zweihundert-Liter-Fass Wasser ausgerüstet, das für hundertfünfzig Menschen reichen musste. Außerdem gab es ein weiteres Zweihundert-Liter-Fass, das als Toilette benutzt werden sollte. Wir alle – Männer, Frauen, Kranke und Gesunde – mussten es benutzen, während alle anderen zusahen.

Das mit dem Wasser war ein echtes Problem, denn bekanntlich kann der Mensch ein paar Wochen ohne Nahrung auskommen, aber nicht ohne Wasser. Mein Vater übernahm die Leitung, zog aus seiner Tasche – bis heute habe ich keine Ahnung, wie er darangekommen war – einen kleinen, zusammenlegbaren Becher und ein Schweizermesser und schnitt ein Blatt Papier mithilfe des Messers in hundertfünfzig kleine Stücke. Dann erklärte er sein System der Rationierung. Jeder Insasse würde zwei Becher Wasser pro Tag bekommen, einen am Morgen und einen am Abend. Das würde genügen, um zu überleben, und das Wasser würde so relativ lange reichen. Jeder bekam morgens bei der Verteilung des ersten Bechers ein Stückchen Papier, und wenn er es abends wieder zurückgab, bekam er den zweiten Becher. Wer sein Papier verlor, bekam nichts mehr. Tage vergingen, die Luft wurde immer stickiger, während sich das Toilettenfass füllte und das Wasserfass leerer wurde. Nur durch die Verteilung des Wassers zwei Mal am Tag wurde die Eintönigkeit unterbrochen.

In den anderen Waggons wurde das Wasser bald knapp. Durch die Wände hindurch und trotz des Ratterns auf den Schienen konnte ich die Menschen schreien hören. Eine Frau rief: »Meine Kinder haben Durst! Sie brauchen Wasser! Ich gebe euch meinen goldenen Ring für einen Becher Wasser!«

Zwei Tage lang ging das so, dann verstummten die Schreie.

Als wir unser Ziel erreichten, waren vierzig Prozent der Menschen in den anderen Waggons tot. In unserem Waggon waren nur zwei gestorben. Dank der Klugheit meines Vaters hatten alle anderen überlebt. Jedenfalls bis zu unserer Ankunft in Auschwitz.

Es war im Februar 1944, zur schlimmsten Zeit der bitterkalten polnischen Winter, als unser Zug am Bahnhof in Auschwitz II-Birkenau ankam. Zum ersten Mal sah ich das schreckliche Eisentor, das den Stacheldrahtzaun durchbrach: *Arbeit macht frei.*

Der Boden war glatt vom gefrorenen Schlamm, sodass gleich die Ersten, die aus den Waggons ausstiegen, hinfielen. Zwischen der Tür und dem Bahnsteig war ein gewisser Abstand, den man mit einem Sprung überwinden musste. Wir waren alle sehr schwach, einige auch krank, aber mein Vater und ich waren noch kräftig genug, um den Frauen, Kindern und Alten aus dem Zug zu helfen. Wir halfen auch meiner Mutter und meiner Schwester, die dann aber in der Menge verschwanden und von den Nazis wie Vieh mit Schlagstöcken, Schusswaffen und scharfen Hunden weggetrieben wurden. So kam es, dass wir beide uns plötzlich allein unter all den Menschen fanden.

Wir wurden den Bahnsteig hinuntergetrieben, wo ein Mann in einem sauberen weißen Arztkittel über dem Schlamm stand, umgeben von SS-Männern. Das war Dr. Josef Mengele, den man auch den »Todesengel« nannte – einer der schlimmsten Mörder, die die Welt je gesehen hat, eine der bösartigsten Gestalten der gesamten Menschheitsgeschichte. Während die Neuankömmlinge an ihm vorbeigingen, zeigte er an, ob sie nach links oder rechts gehen sollten. Wir wussten es noch nicht, aber was da ablief, war eine seiner gefürchteten »Selektionen«. Die Häftlinge wurden nach Männern und Frauen getrennt. Wer noch kräftig genug war, wurde nach Auschwitz geschickt, um dort Sklavenarbeit zu verrichten und sich buchstäblich zu Tode zu arbeiten. Alle anderen kamen sofort in die Gaskammern. Die eine Seite bedeutete ein neues Leben in der Hölle auf Erden, die andere einen schrecklichen Tod in der Finsternis.

»Dahin«, sagte Mengele und zeigte auf mich.

»Dorthin«, sagte er zu meinem Vater und deutete in die andere Richtung, zu einem Lastwagen, der mit Häftlingen beladen wurde. Da ich nicht von meinem Vater getrennt werden wollte, schlich ich mich in seine Schlange und ging hinterher. Ich war schon fast bei dem Lastwagen angekommen, als einer von Mengeles Handlangern mich bemerkte.

»He!«, sagte er. »Du sollst doch da rüber!« Und er zeigte in Richtung Auschwitz. »Du kommst nicht auf den Lastwagen.«

»Warum?«, fragte ich zurück.

Er sagte mir, mein Vater würde mit dem Lastwagen fahren, weil er alt sei, ich müsse laufen. Diese recht vernünftige Erklärung hinterfragte ich auch nicht. Doch wäre ich auf den Lastwagen geklettert, dann wäre mein Leben an diesem Tag zu Ende gewesen. Denn Dr. Josef Mengele hatte mich als einen von hundertachtundvierzig jungen, arbeitsfähigen Männern ausgesucht und ins Lager geschickt.

Sobald wir hineinkamen, mussten wir uns ausziehen und unsere Sachen auf einen Haufen werfen. Dann brachte man uns in einen winzigen Waschraum. Ich war entsetzt, denn ich wusste, was passieren würde. Schließlich hatte ich so etwas in Buchenwald schon erlebt. Die Nazis testeten unsere Widerstandskraft. Sie würden uns tagelang in diesem dunklen, kalten, engen Raum eingesperrt halten, und wenn wir erschöpft genug wären, würden sie Dinge rufen, die uns in Panik versetzen sollten: »Feuer!« oder »Gas!«. Oder sie würden einen von uns so heftig schlagen, dass alle in Panik gerieten und sich gegenseitig über den Haufen rannten. Jeder von uns bekam ein Stück Papier mit einer Nummer. Man sagte uns, wenn wir die Nummer verlören, würde man uns aufhängen.

Gemeinsam mit Kurt und zwei anderen, die ich noch aus Buchenwald kannte, entwickelte ich einen Plan. »Wir wissen nicht, wie lange wir hier stehen müssen, aber wir sollten uns in eine Ecke stellen«, sagte ich. »Dann können zwei vor der Ecke Wache stehen und die anderen beiden können schlafen. Und dann wechseln wir.« Drei Tage und Nächte ging das so. Zwei von uns beschützten die anderen beiden, während die Nazis immer wieder Panik auslösten und alle anderen in der Menge losrannten und im Dunkeln über die anderen hinwegtrampelten. Drei Tage und Nächte diese Schreie und der Geruch von Blut. Als das Licht wieder anging, waren von den hundertachtundvierzig Männern, die man gemeinsam eingesperrt hatte, achtzehn tot. Ein Mann in meiner Nähe war so übel zugerichtet worden, dass ihm ein Auge heraushing. Ich öffnete meine Hand, um zu sehen, ob ich meine Nummer noch hatte, und sah, wie mir das Blut über die Handfläche lief. Ich hatte das Papier so fest umklammert, dass ich mir die Fingernägel in die Haut gebohrt hatte.

Die Nazis brachten mich in einen anderen Raum, wo ich eine dünne Uniform aus gestreiftem Baumwollstoff und eine dazu passende Mütze bekam. Auf der Rückseite der Mütze stand die Nummer, die auch auf dem Stück Papier stand. Dann zwangen sie meinen Arm in eine Schlinge, sodass ich ihn nicht bewegen konnte, und tätowierten mir die Nummer brutal in die Haut, so tief, dass sie nie mehr wegging. Das tat so weh, als wäre ich mit tausend Spritzen malträtiert worden. Sie gaben mir ein Stück Papier zum Draufbeißen, damit ich mir nicht auf die Zunge biss. Mehr Freundlichkeit erlebte ich an diesem Tag in der Hölle auf Erden nicht.

Zwei Tage später fragte ich einen SS-Mann, wo mein Vater sei. Er nahm mich am Arm und führte mich vielleicht fünfzig Meter weiter zwischen die Baracken und sagte: »Siehst du den Rauch da drüben? Da ist dein Vater hingekommen. Und deine Mutter auch. In die Gaskammern und ins Krematorium.«

So erfuhr ich, dass ich eine Waise geworden war: Meine Eltern waren tot. Mein Vater, der stärkste und freundlichste Mann, den ich kannte, existierte nur noch in der Erinnerung. Er bekam nicht einmal ein würdiges Begräbnis.

Und meine Mutter, meine arme Mutter! Ich hatte nie Gelegenheit, mich von meiner geliebten Mutter zu verabschieden, und vermisse sie jeden Tag meines Lebens. Jede Nacht träume ich von ihr, und manchmal wache ich vom Klang meiner eigenen Stimme auf, weil ich nach ihr rufe. Als ich jung war, wollte ich immer bei ihr sein, Zeit mit ihr verbringen und das Challah essen, das sie am Freitagnachmittag buk. Ich wollte so gern ihr Lächeln sehen. All das war nun verloren. Ich würde sie nie wiedersehen, sie würde nie mehr lächeln. Sie war fort, ermordet, man hatte sie mir geraubt. Es gibt keinen Tag, an dem ich nicht denke, dass ich alles dafür geben würde, sie noch einmal zu sehen.

Wenn du heute die Gelegenheit dazu hast, bitte, geh nach Hause und sag deiner Mutter, wie sehr du sie liebst. Tu es für deine Mutter. Und tu es für deinen neuen Freund Eddie, der es seiner Mutter nicht mehr sagen kann.

6

Ein guter Freund ist
eine ganze Welt.

So hatte ich nun also plötzlich alles verloren. Meine Familie, meinen Besitz, meinen letzten Rest Glauben an die Menschheit. Nur meinen Gürtel durfte ich behalten, die einzige Erinnerung an ein Leben, das ich nie wiedersehen würde.

Wenn Menschen nach Auschwitz kamen, nahmen ihnen die Nazis alles ab, was sie besaßen, und brachten es in einen gesonderten Bereich, wo alles von jüdischen Arbeitssklaven sortiert wurde. Offiziell hieß dieser Bereich »Effektenlager«, doch wir Häftlinge nannten ihn »Kanada«, weil dieses Land als ein friedlicher Ort galt, wo alle guten Dinge des Lebens – Essen, Geld, Schmuck – im Überfluss vorhanden waren. Alles, was ich besessen hatte, wurde mir gestohlen und nach Kanada gebracht.

Doch das Schlimmste war, dass sie mir meine Würde raubten. In seinem hasserfüllten Buch *Mein Kampf* legte Hitler alles Übel der Welt den Juden zur Last. Er fantasierte sich darin eine Welt zusammen, in der wir gedemütigt würden. Wir sollten wie die Schweine essen, uns in Lumpen kleiden, wir, die erbärmlichsten Menschen der Welt. Und all das war nun Wirklichkeit geworden.

Meine Nummer 172338 war von nun an meine ganze Identität. Sie raubten uns sogar den Namen, wir waren keine Menschen mehr, sondern nur noch Zahnrädchen, die sich träge in einer großen Tötungsmaschine drehten. Als sie mir die Nummer auf den Arm tätowierten, verurteilten sie mich damit zu einem langsamen Tod. Aber erst einmal wollten sie meinen Lebensgeist töten.

Ich lebte in einer Baracke mit vierhundert Juden aus ganz Europa: Ungarn, Franzosen und Russen. Alle Häftlinge wurden nach »Rasse« und anderen Kategorien aufgeteilt: Juden in diese Baracke, politische Häftlinge in jene. Für Hitler waren wir alle gleich, und er warf uns nach seinen eigenen Kriterien zusammen, auch wenn wir aus vielen verschiedenen Ländern, Gesellschaftsschichten, Berufen kamen. Wir konnten uns oft kaum verständigen, und ich hatte mit den wenigsten Mithäftlingen irgendwelche Gemeinsamkeiten.

Für mich war es ein großer Schock, mit so vielen Fremden aus verschiedenen Kulturen eingesperrt zu sein. Unsere einzige Gemeinsamkeit war die Tatsache, dass wir Juden waren, obwohl auch das eine ganz unterschiedliche Bedeutung haben konnte. Einige von uns waren sehr religiös. Andere, so wie ich, hatten über ihr Judentum kaum nachgedacht, bevor es gefährlich geworden war, Jude zu sein. In meiner Jugend war ich Deutscher gewesen – und stolz darauf. Gerade deshalb kam mir das Ganze ja so verrückt vor.

Ich werde mich immer fragen, wie das passieren konnte. Warum? Warum!?

Bis heute verstehe ich nicht, wie Menschen, mit denen ich arbeitete, lernte und Sport trieb, zu derartigen Tieren werden konnten. Wie konnte es sein, dass Hitler Freunde in Feinde verwandelte, zivilisierte Männer in unmenschliche Zombies? Wie ist es nur möglich, einen solchen Hass zu erzeugen?

Auschwitz war ein Vernichtungslager.

Niemand wusste morgens beim Aufstehen, ob er abends wieder zu Bett gehen würde. Wobei wir gar keine Betten hatten. Wir schliefen auf Stockbetten ohne Matratze, einfach auf den rohen Holzbrettern. Die Betten waren schmal, kaum zweieinhalb Meter für zehn Männer. In eiskalten Nächten schliefen wir ohne Decken aneinandergedrückt wie Heringe im Fass, um uns gegenseitig zu wärmen. Anders hätten wir nicht überlebt. Es war unglaublich kalt, acht Grad unter null, und sie zwangen uns, nackt zu schlafen, denn ein Nackter kann nicht fliehen.

Wenn jemand nachts zur Toilette ging, musste er den Ersten und den Zehnten wach rütteln, damit sie in die Mitte rutschten. Eine ganze Nacht an der Außenseite hätten sie nicht überlebt. Jede Nacht starben zehn bis zwanzig Männer, weil sie zu lange außen gelegen hatten. Jede Nacht. Wir schliefen in den Armen unseres Nebenmannes ein, um zu überleben, und es konnte sein, dass er morgens steif gefroren war und uns mit weit aufgerissenen toten Augen anstarrte.

Wer die Nacht überlebte, den erwarteten eine kalte Dusche, eine Tasse Kaffee und ein oder zwei Stücke Brot. Dann marschierten wir in eine der deutschen Fabriken, die mit der Sklavenarbeit von uns Häftlingen aufrechterhalten wurden.

Viele hoch geachtete deutsche Firmen, darunter auch

einige, die heute noch existieren, beuteten uns als Zwangsarbeiter aus.

Wir marschierten unter Bewachung bis zu anderthalb Stunden, um an unseren Arbeitsplatz zu kommen. Nur unsere dünnen Uniformen schützten uns vor Schnee, Regen und Wind. Unsere Schuhe waren aus billigem Holz und Segeltuch gefertigt. Bei jedem Schritt spürte ich die scharfe Ecke der schlecht gesägten Holzsohle, die mir in den Fuß stach.

Wenn einer von uns stolperte und fiel, wurde er auf der Stelle erschossen, und die anderen Häftlinge mussten die Leiche tragen. Es dauerte nicht lange, dann waren wir als Einzelne zu schwach, um unsere toten Freunde zu schleppen, also nahmen wir immer ein paar lange Lumpen mit, aus denen wir eine Bahre machen konnten. Wer nicht mehr in der Lage war, einen Toten zu tragen, konnte auch erschossen werden. Allerdings warteten die Nazis damit in der Regel, bis wir wieder ins Lager marschiert waren, damit sie uns vor den Augen aller anderen erschießen konnten, um so »ein Exempel zu statuieren«. Wer nicht mehr arbeiten konnte und den Nazis insofern nicht mehr nützlich war, wurde ohnehin getötet.

Lumpen waren in Auschwitz so kostbar wie Gold. Eigentlich noch kostbarer, denn mit Gold konnte man dort nicht viel anfangen, mit Lumpen schon. Man konnte damit Wunden verbinden oder sie unter die Uniform schieben, um sich zu wärmen. Man konnte sich damit sauber halten, und ich machte mir eine Art Socken daraus, um in den harten Holzschuhen etwas besser laufen zu können. Alle drei Tage wechselte ich die Schuhe von einem Fuß zum anderen, damit die harte Spitze, die mir so wehtat, nicht immer dieselbe Stelle traf. Mithilfe solcher kleinen Kniffe gelang es mir, zu überleben.

Meine erste Arbeit bestand darin, ein ausgebombtes Munitionsdepot zu räumen. Ein Dorf in der Nähe von Auschwitz war einige Zeit als Munitionsdepot für die Front benutzt worden. Dorthin marschierten wir und hoben mit bloßen Händen die Teile der explodierten Munition auf. Das war eine ebenso schwere wie gefährliche Arbeit.

Ich war sehr unglücklich dort. Die anderen Juden in meiner Brigade misstrauten mir, weil ich Deutscher war, sodass ich die meiste Zeit allein war. Die einzige Ausnahme war Kurt. Meine Eltern waren tot, ob meine Schwester die Selektion überlebt hatte, wusste ich nicht. Kurt war meine einzige Verbindung zu meinem alten Leben und glücklichen Zeiten. Ohne ihn wäre ich nach der Ermordung meiner Eltern irgendwann verzweifelt. Kurt und ich lebten in verschiedenen Baracken, aber wir trafen uns jeden Abend, gingen spazieren und redeten. Das reichte, um mich aufrechtzuerhalten – ich wusste, es gab noch einen Menschen, dem ich etwas bedeutete und um den ich mich kümmern konnte.

Kurt und ich arbeiteten nie zusammen. Die Deutschen waren sehr sorgfältig, was ihre Akten anging, und wussten genau über die Wohnorte und Berufe der Juden in Deutschland Bescheid. Auch aus diesem Grund waren sie so schreckliche und effiziente Mörder. Kurt hatte insofern Glück, als es in Auschwitz keine Akte über ihn gab. Er kam aus einer Stadt an der deutsch-polnischen Grenze, aus der es keine Aufzeichnungen gab. Als sie ihn nach seinem Beruf fragten, gab er »Schuhmacher« an und bekam sofort eine Arbeit als Handwerker in einer Werkstatt, die sich im Lager befand. So konnte er drinnen bleiben und musste nicht durch Regen und Schnee zu einer Fabrik marschieren wie wir Übrigen. Wenn wir halb verhungert und mit Blasen an den Füßen zurückkamen, saß er sicher im Trockenen und hatte schon eine Extraration Essen bekommen. Wenn es Reste gab, wurden sie nämlich immer zuerst an die Leute im Lager verteilt, die als Schneider, Schuhmacher und Schreiner arbeiteten. Eigentlich sollten wir bei Arbeitsschluss in der Fabrik mit Essen versorgt werden, aber es gab nie genug, und wenn wir ins Lager kamen, war dort auch nichts mehr zu bekommen.

Kurt war also in einer vergleichsweise guten Lage. Oft konnte er etwas für mich zur Seite legen oder sein Essen mit mir teilen. Wir sorgten füreinander, wie es echte Freunde tun.

Aus den Abfällen, die man im Lager fand, konnte man einiges machen. Die Schreiner warfen zum Beispiel ihre Sägen weg, wenn sie stumpf wurden. Ich sammelte den kostbaren Stahl, damit nichts verloren ging, schliff die Sägezähne weg und machte aus dem Rest schöne Messerklingen, für die ich polierte Holzgriffe fertigte. Diese Messer tauschte ich dann gegen Kleidung, Lebensmittel oder Seife ein, sowohl mit anderen Häftlingen – diejenigen, die in »Kanada« arbeiteten, konnten immer etwas abzweigen – als auch mit Zivilisten. Denn neben den Wachmannschaften gab es auch zahlreiche Zivilisten in Auschwitz: Köche, Fahrer und so weiter, Deutsche und Polen, die nichts anderes wollten als den Krieg überleben. Von ihnen bekam ich gelegentlich sogar Bestellungen. Ich benutzte die Maschinen in der Fabrik, um Ringe für ihre Liebsten zu fertigen und Initialen zu gravieren. So ein guter Stahlring brachte durchaus mal ein Hemd oder ein Stück Seife ein.

Eines Tages fand ich einen großen Kochtopf, der ein Loch hatte und deshalb weggeworfen worden war. Da kam mir eine gute Idee. Ich flickte ihn und nahm ihn mit ins Lager, wo ich einige der Häftlingsärzte ansprach. Es gab viele Ärzte unter den Häftlingen in Auschwitz, ich schätze, zwei von zehn Juden aus der Mittelschicht waren Ärzte. Sie wurden jeden Morgen mit Bussen in verschiedene Lazarette und Krankenstationen gefahren und arbeiteten dort. Einige wurden auch an die Front geschickt, um verwundete Soldaten zu behandeln, sie blieben dann mehrere Tage weg und wurden mit Kartoffeln entlohnt. Vier rohe Kartoffeln pro Arbeitstag. Aber mit rohen Kartoffeln kann man nicht viel anfangen, man muss sie kochen, sonst sind sie giftig. Also kamen sie zu mir, denn ich hatte ja einen Topf. Für das Kochen von vier Kartoffeln verlangte ich eine als Gebühr. So bekam ich etwas zu essen, was ich mit Kurt teilen konnte. Oft hatte ich die Taschen voll mit gekochten Kartoffeln, wenn wir uns abends trafen, und dann teilten wir uns zwei oder drei zum Abendessen.

Eines Abends ging ich an einem SS-Mann vorbei, der für seine besondere Gemeinheit bekannt war. Plötzlich holte er mit dem Fuß aus und wollte mir in den Hintern treten, aber ich konnte mich noch wegdrehen, sodass er gegen meine Tasche trat, die voll Kartoffeln war. Ich musste so tun, als hätte er mich verletzt, und humpelte weg, sonst hätte er wahrscheinlich noch mal zugetreten. Als ich Kurt traf, sagte ich zu ihm: »Es tut mir leid, aber heute Abend gibt es Kartoffelbrei.«

Ohne Kurt könnte ich von alldem nicht berichten. Nur ihm habe ich zu verdanken, dass ich überlebte. Wir sorgten füreinander. Wenn einer von uns verletzt oder zu krank zum Arbeiten war, kümmerte sich der andere um etwas zu essen. Wir hielten einander am Leben. Die durchschnittliche Überlebenszeit eines Häftlings in Auschwitz betrug sieben Monate. Ohne Kurt hätte ich sicher nicht einmal die Hälfte dieser Zeit überstanden. Als ich einmal Halsschmerzen hatte, schnitt er seinen Schal durch und gab mir einen Teil, sodass ich wieder gesund werden konnte. Wenn die Leute uns mit den beiden Schalhälften sahen, dachten sie, wir wären Brüder. Und das waren wir ja auch irgendwie, so nahe standen wir uns.

Jeden Morgen liefen wir vor der Arbeit noch ein bisschen durchs Gelände und redeten. Das hielt uns aufrecht. Wir versteckten auch kleine Geschenke für den jeweils anderen hinter einem Ziegel in der Toilettenmauer, den ich gelockert hatte: Seife, Zahnpasta, Lumpen.

Diese Momente der Freundschaft und Dankbarkeit waren überlebensnotwendig an einem so unmenschlichen Ort. Viele brachten sich lieber um, als dieses Dasein noch länger auszuhalten. Das passierte so oft, dass es sogar einen eigenen Ausdruck dafür gab: in den Draht gehen. Auschwitz II-Birkenau, eines der zahlreichen Unterlager des riesigen Komplexes, war mit einem elektrisch geladenen Stacheldrahtzaun umgeben. Wenn man diesen Zaun berührte, war das der sichere Tod. Immer wieder gab es Menschen, die ihr Leben beendeten und so den Nazis die Genugtuung verwehrten, sie umzubringen. Sie liefen in den Draht und hielten sich daran mit beiden Händen fest. Ich habe zwei gute Freunde auf diese Weise verloren: Sie gingen nackt, Hand in Hand, in den Draht. Und ich kann es ihnen nicht verdenken. Es gab wirklich viele Tage, an denen auch ich mir wünschte, tot zu sein.

Wir froren, wir waren krank … Mehr als einmal sagte ich zu Kurt: »Komm, lass uns gehen. Was bringt uns ein Leben, in dem wir morgen nur noch mehr leiden?«

Aber Kurt weigerte sich. Er ließ es nicht zu, dass ich in den Draht ging.

Das ist wohl das Wichtigste, was ich jemals gelernt habe: Du kannst im Leben nichts Größeres leisten, als von einem anderen Menschen geliebt zu werden.

Ich kann das gar nicht genug betonen, vor allem wenn ich mit jungen Menschen spreche. Ohne Freundschaft sind wir verloren. Ein Freund ist jemand, der dich daran erinnert, dich lebendig zu fühlen.

Auschwitz war ein wahr gewordener Albtraum, ein Ort unvorstellbaren Grauens. Ich konnte dort nur überleben, weil ich es meinem Freund Kurt schuldete, am Leben zu bleiben, noch einen Tag weiterzuleben, einfach um ihn wiederzusehen. Wer auch nur einen guten Freund sein Eigen nennt, dessen Welt hat einen Sinn. Ein einziger guter Freund kann die ganze Welt für einen Menschen bedeuten.

Das war das Wichtigste – wichtiger als all das Essen, das wir teilten, oder die warme Kleidung oder die Medikamente. Freundschaft ist der beste Balsam für die Seele. Und mithilfe dieser Freundschaft konnten wir scheinbar Unmögliches schaffen.

Eddie (vorne rechts) im Kreise seiner Familie, 1932. Als einziger der hier Fotografierten überlebte er den Holocaust.

In Belgien, 1941

Flore und Eddie an ihrem Hochzeitstag, 20. April 1946

oben: 1950: Eddie mit seinem Sohn Michael an Bord der Surriento *auf dem Weg nach Australien*
unten: Neuanfang in Australien: Mitte der 1950er-Jahre eröffnete Eddie eine Tankstelle in Mascot.

Flore und Eddie in Sydney, 1960

Eddie an seinem 90. Geburtstag mit seinen Enkelkindern Phillip, Carly, Danielle und Marc (v. l. n. r.).

Im Mai 2019 bei einem TED-Talk in Sydney
© Visionair Media

Eddie mit seinem Gürtel, dem einzigen persönlichen Gegenstand, der ihm in Auschwitz nicht abgenommen wurde

7

Bildung kann Leben retten.

Mein zweiter Arbeitseinsatz war in einem Kohlebergwerk. Ich weiß nicht, ob man mich damit bestrafen wollte, weil ich der ersten Selektion getrotzt hatte, oder ob man mich dorthin abordnete, weil ich noch relativ kräftig war. Jedenfalls schickten sie mich tief unter die Erde, um ein Kohleflöz abzubauen. Wir arbeiteten in Gruppen von sieben Leuten, wobei einer die Kohle mit dem Presslufthammer löste und die anderen sechs die Loren beluden, mit denen die Kohle nach oben gebracht wurde. Es war eine mörderische, sehr schwere Arbeit, und wir konnten dort nicht einmal aufrecht stehen, sondern mussten die ganze Zeit kriechen. Wir arbeiteten von sechs Uhr morgens bis sechs Uhr abends und mussten in dieser Zeit sechs Loren beladen. Doch bald begriffen wir, dass wir eine wertvolle Ruhepause machen konnten, wenn wir so hart arbeiteten, dass unsere Quote schon um zwei Uhr erfüllt war. So bekamen wir ein paar Stunden Schlaf, bevor wir am Abend in die Hölle der Stockbetten zurückkehrten. Sobald wir geschafft hatten, was wir schaffen mussten, schalteten wir unsere Grubenlampen aus und schliefen.

Eines Nachmittags wurden wir wach, weil eine Mannschaft polnischer Arbeiter – sie waren Christen und hassten uns genauso sehr wie die Nazis – unsere Loren stahl und gegen leere Wagen austauschte. Sie waren zu faul zum Arbeiten und legten es darauf an, dass wir an ihrer Stelle bestraft wurden. Doch das ließ ich nicht durchgehen. Beim Verlassen des Bergwerks mussten wir in einer Reihe an den Wachen vorbeigehen und unsere Mützen abnehmen. Ich trat aus der Reihe und ging zu einem der Wachmänner, um ihm zu sagen, was passiert war. Er brüllte mich an, ich sollte zurück in die Reihe gehen, und als ich den Mund aufmachte, setzte es Fausthiebe. Ein Schlag traf mich am Ohr, sodass mein Trommelfell eine Weile blutete.

Kurz danach wurde ich in ein Büro gerufen, wo ich zum ersten Mal den diensthabenden Kommandanten traf. Er fragte mich, was los sei. Ich berichtete ihm von dem Diebstahl und von den Schlägen, die ich bekommen hatte.

»Wenn Sie uns umbringen wollen, erschießen Sie uns doch einfach. Wir sind sowieso in ein oder zwei Monaten tot, wenn wir so schwer arbeiten und andere Häftlinge uns auch noch wegnehmen, was wir geschafft haben.« Er ließ mich gehen, und von der nächsten Woche an waren keine Polen mehr in unserer Brigade. Meine Kollegen umarmten mich und bedankten sich. Mir ging es ein paar Monate lang gar nicht gut, weil ich so heftig verprügelt worden war. Ich hatte lange Zeit schlimme Kopfschmerzen und Sehstörungen. Aber ich war froh, dass ich für unsere Rechte eingestanden war. Die Verletzung war es wert, dass das Leben der Männer, mit denen ich arbeitete, etwas leichter wurde. Für mich war das ein guter Tausch.

Wenig später nahm ich an einem Treffen mit einem Vertreter der IG Farben, einem Chemie- und Pharmakonzern, teil. Dort erfuhr ich, dass ich eine neue Arbeit bekommen sollte. Die SS-Offiziere, die das Lager leiteten, hatten mitbekommen, dass ich mich mit Feinmechanik auskannte, und mich als »kriegswichtigen Juden« eingestuft. Diese Deutschen hatten wirklich für alles eine spezielle Bezeichnung.

Solange ich arbeiten konnte, solange sie Profit aus mir schlagen konnten, würde ich überleben. Bereits drei Mal war ich auf dem Weg in die Gaskammer, als vielleicht zwanzig Meter vor der Tür jemand meinen Namen, meine Nummer und meinen Beruf sah und rief: »Siebzehn-dreiundzwanzig-achtunddreißig, raustreten!« Drei Mal ist mir das passiert!

Im Stillen dankte ich meinem Vater, der darauf bestanden hatte, dass ich etwas lernte, das mir nun das Leben rettete. Er hatte immer betont, wie wichtig Arbeit sei. Für ihn war Arbeit der Beitrag des Menschen in der Welt. Er fand es wichtig, dass jeder seine Rolle ausfüllte, damit die Gesellschaft richtig funktioniert. Eine Gesellschaft funktioniert nicht immer so, wie sie soll, und in Deutschland war sie im Prinzip komplett zusammengebrochen. Doch Teile davon liefen noch, und solange meine beruflichen Fähigkeiten wichtig waren, befand ich mich in Sicherheit.

Also wurde ich Feinmechaniker bei der IG Farben. Diese Firma gehörte zu den größten Verbrechern gegen uns Juden. Mehr als dreißigtausend Menschen wurden zur Arbeit in ihren Fabriken gezwungen, und die Firma produzierte auch das Giftgas Zyklon B, mit dem in den Gaskammern der Vernichtungslager mehr als eine Million Menschen ermordet wurden.

Trotzdem bin ich irgendwie dankbar für die Fabriken, denn die Arbeit darin rettete mir das Leben. Mehr als eine Million Juden wurden in Auschwitz ermordet, aber in vielen anderen Lagern gab es gar keine Arbeit, sodass nichts und niemand die SS davon abhielt, ihre Vernichtungspläne in die Tat umzusetzen. Die Fabrikbesitzer wollten, dass wir weiterlebten, und versorgten uns mit Vitaminen und Traubenzucker, damit wir arbeitsfähig blieben. Es lag absolut in ihrem Interesse, uns so gesund zu erhalten, dass wir für sie arbeiten konnten.

Die SS hatte andere Prioritäten, sie wollten uns alle ermorden. So lautete auch ihr Befehl: so viele wie möglich von uns zu töten. Hitler hatte inzwischen die »Endlösung der Judenfrage« befohlen, mit der alle Juden auf der Welt ausgerottet werden sollten. Die SS wollte in den KZs nicht nur unseren Lebensgeist brechen, sondern uns ganz und gar vernichten. Die führenden Nazis, die die »Endlösung« entwickelt hatten, bezeichneten unsere Sklavenarbeit als »Vernichtung durch Arbeit«. Sie waren entschlossen, jeden einzelnen Juden zu töten, und es konnte ihnen gar nicht schnell genug gehen. Egal wie viele von uns sie erschossen, erstachen, totschlugen oder vergasten, jeden Tag kamen neue Züge ins Lager.

Einmal schlugen die Häftlinge zurück. Einige Frauen aus Birkenau arbeiteten in einer Munitionsfabrik der Firma Krupp und konnten etwas Sprengstoff abzweigen. Die Öfen des Krematoriums mussten jeden Tag zwei

Stunden lang abkühlen, und in dieser Zeit schlichen sich die Frauen hinein und legten den Sprengstoff aus. Als die Öfen wieder angeheizt wurden, flog das ganze Krematorium in die Luft. Einen Monat lang gab es kein Krematorium und auch keine Vergasungen. Eine wunderbare Zeit: kein Rauch, kein Gestank des Todes. Doch dann bauten sie neue, bessere Öfen, und es wurde sogar noch schlimmer als vorher.

Als Vorarbeiter in der Werkstatt bei der IG Farben war ich für die Wartung der Hochdruckleitungen zuständig, die alle möglichen Maschinen betrieben, mit denen Rüstungsgüter hergestellt wurden. Außerdem war ich für die Regulierung des Luftdrucks verantwortlich. Ich trug ein Schild um den Hals, auf dem stand, dass ich aufgehängt würde, wenn eine der Leitungen leck würde.

Es gab dort mehr als zweihundert Maschinen, jede mit einem Arbeiter, der sie beaufsichtigte, und ich war für alle diese Maschinen verantwortlich. Denn tatsächlich war ich der einzige Mann im Lager, der die wichtigen Druckregler reparieren konnte. Da es unmöglich war, alle Maschinen gleichzeitig im Auge zu behalten, dachte ich mir etwas aus. Ich besorgte zweihundert Pfeifen und gab jedem Häftling, der eine Maschine beaufsichtigte, eine solche Pfeife. Wenn bei einer Maschine der Druck abfiel, pfiff der betreffende Arbeiter und ich lief hin und sorgte für Abhilfe. Es gab zwar jede Menge verschiedene Maschinen, die von Munition bis Chemikalien alles Mögliche produzierten, aber die Fabrik war so gebaut, dass der Ausfall einer Maschine alle anderen mit betraf. Wenn so etwas passierte, wäre ich ein toter Mann. Aber in dem Jahr, das ich dort verbrachte, fiel keine einzige Maschine aus.

Und dann wartete in der Fabrik auch noch eine große Überraschung auf mich – eine der Arbeiterinnen war meine Schwester! Sie hatte die Selektion überlebt und war in Auschwitz II-Birkenau untergebracht, dem zweiten großen Lager des Gesamtkomplexes, im sogenannten Frauenlager. Als ich sie wiedersah, brach mir fast das Herz. Sie war eine so hübsche Frau gewesen mit ihrer hellen Haut und dem schönen, glänzenden Haar. Und jetzt war sie eine Gefangene mit rasiertem Schädel, und die Uniform hing an ihrer mageren, halb verhungerten Gestalt. Vor drei Monaten hatte ich sie zum letzten Mal gesehen, als wir aus dem Zug stiegen, am Tag, an dem unsere Eltern ermordet worden waren.

Es war auch insofern schwierig, als wir nicht miteinander reden konnten. Niemand durfte erfahren, dass wir Verwandte waren, das hätten die Nazis und ihre Spitzel gegen uns verwenden können. Wir konnten uns höchstens Blicke zuwerfen oder mal einen kurzen Satz miteinander sprechen, wenn ich an ihrer Maschine vorbeikam. Ich durfte sie nicht einmal umarmen oder trösten.

Ihre Arbeit war sehr hart. Sie stanzte Gewehrkugeln für die deutsche Wehrmacht, was mit sehr viel Hitze und Funkenflug verbunden war. Um die Brandgefahr zu verringern, musste sie in einem Becken mit eiskaltem Wasser stehen, das aus einem Kühltank lief. Den ganzen Tag in diesem eisigen Wasser zu stehen, setzte ihrer Gesundheit sehr zu.

Meine Arbeit war ebenfalls schwierig. Es gab so viele Rohrleitungen, dass ich auf einen hohen Turm klettern musste, um dafür zu sorgen, dass sie in der richtigen Position angebracht wurden, mal ein bisschen höher, mal etwas tiefer. Ich hatte aber nur meine Häftlingsuniform, und auf dem Turm war es sehr kalt, vor allem wenn es schneite. Manchmal herrschten dort oben Temperaturen von achtundzwanzig Grad unter null.

Eines Tages bin ich dort oben wohl eingeschlafen, denn ich wachte auf, weil mein Schädel schmerzte. Der Wachmann hatte mit einem Stein nach mir geworfen, um mich zu wecken. Ich hatte eine große Platzwunde, und der Wachmann kam in Panik angerannt, weil er fürchtete, er hätte mich umgebracht. Das hätte selbst ihn in große Schwierigkeiten gebracht, da ich ja ein »kriegswichtiger Jude« war. Er wickelte mir ein Handtuch um den Kopf, um die Blutung zu stillen, und fuhr mich dann in ein Lazarett, wo meine Wunde mit sechzehn Stichen genäht wurde.

Als wir das Lazarett betraten, kamen wir an einem Raum vorbei, wo ein Neurochirurg einen hohen Nazioffizier operierte. Er entfernte eine Kugel aus seinem Kopf. Ich rief ihm den Namen der Maschine zu, die er dafür benutzte, und sagte, ich wisse, wie man solche Apparate repariert. Vier Tage später, während ich noch dabei war, mich zu erholen, kam der Chirurg auf mich zu. Er hieß Professor Neubert und war einer der führenden Neurochirurgen, gleichzeitig ein hoher SS-Offizier. Und jetzt wollte er wissen, woher ich den Namen dieses sehr speziellen medizinischen Geräts kannte.

»Ich habe solche Geräte gebaut«, erwiderte ich.

»Und könnten Sie noch mehr davon bauen?«

»Nicht in dem Arbeitskommando, in dem ich derzeit bin, aber im Prinzip ja.«

Er bot mir an, einen hoch spezialisierten OP-Tisch zu bauen, der in der Neurochirurgie verwendet werden sollte. Für drei Monate wurde ich dafür abgeordnet, diesen Tisch zu entwickeln und zu bauen.

Mein Vater hat wie immer recht gehabt, als er davon sprach, wie wichtig Bildung und Arbeit seien. Erneut hatte mir meine Bildung das Leben gerettet – es war nicht das erste und sollte nicht das letzte Mal sein.

8

Wenn du deinen
moralischen Kompass verlierst,
dann verlierst du dich selbst.

Eine Sache über die Nazis habe ich sehr schnell gelernt: Es war nicht so, dass ein einfacher Deutscher unter dem Regime der Nazis plötzlich böse wurde, aber die Männer damals waren schwach und leicht manipulierbar. Und so verloren sie langsam, aber sicher ihre Moral und dann ihre Menschlichkeit. Sie wurden zu Männern, die andere quälen und dann nach Hause gehen konnten, wo sie ihren Frauen und Kindern ins Gesicht sahen.

Ich habe miterlebt, wie sie Müttern ihre Kinder wegnahmen und mit dem Kopf gegen eine Mauer schlugen. Und danach konnten sie immer noch essen und schlafen. Bis heute kann ich das nicht verstehen.

Manchmal schlugen uns die SS-Leute einfach so zum Spaß. Sie trugen Stiefel mit spitzen Stahlkappen und machten sich einen Spaß daraus, zu warten, bis man an ihnen vorüberging, um dann so fest zuzutreten wie möglich, genau an die weiche Stelle, wo der Hintern in die Beine übergeht. Dabei schrien sie »Schnell! Schnell!«, ohne Grund, einfach aus der sadistischen Freude heraus, einem anderen Menschen wehzutun. Die Verletzungen, die sie uns damit zufügten, waren sehr tief und schmerzhaft, und sie heilten schlecht, weil wir ja weder anständiges Essen noch einen Platz zum Schlafen hatten. Man konnte nur darauf hoffen, das Loch mit Lumpen zuzustopfen, damit es aufhörte zu bluten.

Einmal begegnete ich einem deutschen Soldaten, der allein war, als er mich schlug und trat und mir befahl, mich zu beeilen.

Ich blieb stehen, sah ihm in die Augen und fragte ihn: »Haben Sie eine Seele? Haben Sie ein Herz? Warum schlagen Sie mich? Wollen Sie mit mir tauschen? Ich nehme Ihre Kleider und Ihr Essen und dann schauen wir mal, wer schwerer arbeitet.«

Er hat mich nie wieder angerührt. Für sich allein genommen, war er weder mutig noch gewalttätig genug.

Ein anderes Mal ging ich durchs Lager und ein SS-Mann schlug mich mit solcher Wucht, dass er mir das Nasenbein brach. Als ich ihn fragte, warum er das getan hatte, erklärte er mir, ich sei ein »Judenhund«, und schlug mich noch einmal.

Dabei war das Unsinn, die Nazis behandelten ihre Hunde viel besser als uns Häftlinge. Und dann gab es da noch eine SS-Frau, die noch grausamer war als die anderen, und wir fürchteten sie alle. Sie hatte immer einen Schlagstock und ihre großen Deutschen Schäferhunde bei sich. Zu ihnen war sie sehr freundlich und nannte sie »mein Liebling«. Eines Tages sagte einer der kleinen Jungs in Auschwitz zu mir, er wolle ein Hund werden, wenn er groß sei, weil die Nazis so liebevoll mit ihren Hunden umgingen.

Eines Morgens gingen wir zur Arbeit, zehn in einer Reihe, und erzählten uns Witze, um die Stimmung aufrechtzuerhalten. Just in dem Moment, als einige von uns lachten, kam die SS-Frau vorbei und wollte wissen, was so lustig sei.

»Wieso lustig?«, fragte ich sie. »In Auschwitz gibt es keinen Grund zum Lachen.«

Sie wurde wütend und schwang ihren Knüppel, um mich zu schlagen, aber ich trat ein kleines Stück zur Seite, sodass sie nicht mein Gesicht traf, sondern meine Brust. Normalerweise wäre das nicht schlimm gewesen, aber an diesem Tag hatte ich eine Tube Zahnpasta in meinem Hemd versteckt, und als sie mich schlug, spritzte die Zahnpasta in alle Richtungen, sodass wir noch lauter lachten. Das war ihr so peinlich, dass sie beschloss, sich an mir zu rächen.

Ich wurde zu sieben Peitschenhieben auf den Rücken verurteilt. Dazu band man mich in gebückter Haltung an einen Pfahl, die Beine gefesselt. Zwei große, kräftige Männer schwangen abwechselnd die Peitsche. Beim dritten Schlag platzte meine Haut auf und das Blut lief aus den Wunden. Es waren schreckliche Verletzungen, die sich leicht entzünden konnten, und es gab keine Möglichkeit, mich verbinden zu lassen oder sonst wie Hilfe zu finden. Nichts.

Danach musste ich drei Stunden lang nackt in einem Käfig stehen, während alle an mir vorbeigingen. Jedes Mal wenn ich umfiel vor lauter Erschöpfung und Kälte, geriet ich an die Stacheln, mit denen die Innenwände des Käfigs versehen waren, und wurde wieder wach. Mein Rücken sah so schlimm aus, dass ich drei Wochen lang im Sitzen schlafen musste, angelehnt an einen anderen Mann. Wenn er wach wurde und sich bewegte, fiel ich um und musste jemand anderen finden, der mich stützte.

Es gab auch Häftlinge, die sich gegen uns wandten, Kollaborateure, die verachtenswerten Kapos, denen die Nazis Vorteile versprachen, wenn sie als Aufseher über uns fungierten. Unser Kapo war ein echter Mistkerl, ein Jude aus Österreich, der viele Menschen in die Gaskammern schickte, weil er von den Nazis zur Belohnung Zigaretten, Schnaps und warme Kleidung bekam. Selbst seinen eigenen Cousin hat er geopfert – was für ein Ungeheuer.

Eines Tages kam er auf seiner Runde an sechs älteren Männern aus Ungarn vorbei, die bei der Arbeit eine Pause machten und ihre Hände an einer Tonne mit brennendem Koks wärmten. Das mussten wir manchmal tun, weil wir keine Handschuhe hatten und unsere Finger von der Kälte steif wurden. Er schrieb sich die Nummern der Männer auf, damit sie zur Strafe ausgepeitscht würden. Ich wusste, dass sie das nicht überleben würden, ich aber schon – ich hatte es ja schließlich schon einmal überlebt. Also rief ich ihm zu, er sollte mich an ihrer Stelle auspeitschen lassen. Aber er wusste, dass ich einen größeren wirtschaftlichen Wert hatte und dass er Schwierigkeiten bekommen würde, wenn er mich zum Krüppel schlagen ließ. Also ließ er sie auspeitschen und brachte sie damit um.

Er hätte das nicht tun müssen. Er tat es nur für seinen eigenen Vorteil. Wie unmenschlich das war!

Verhalten wie dieses ließ in mir den Entschluss reifen, mir immer treu zu bleiben und meine Würde zu erhalten. Das war nicht einfach, denn wir hatten ja ständig Hunger, und er raubte uns unsere Moral ebenso schnell wie unsere körperliche Kraft. An einem Sonntag bekam ich meine Brotration, die ich auf das oberste Stockbett legte, um meine Schale mit Suppe entgegenzunehmen. Als ich mich wieder umdrehte, war das Brot weg. Jemand aus meiner Baracke, vielleicht sogar aus meinem Bett, hatte mir mein Essen gestohlen. Manch einer würde sagen, das war zu erwarten, es ging ja schließlich ums Überleben. Aber ich bin anderer Meinung. In Auschwitz konnten nur die Stärksten überleben, aber nicht auf Kosten anderer.

Ich habe nie das Gefühl für zivilisiertes Benehmen verloren. Ich wusste, dass mein Überleben keinen Sinn hätte, wenn ich dafür zu einem schlechten Menschen würde. Ich habe nie einem anderen Häftling wehgetan, ich habe nie Brot gestohlen, und ich habe alles getan, um meinen Mitmenschen zu helfen.

Essen ist nicht alles. Für angeschlagene moralische Werte gibt es keine Medizin. Sind sie hinüber, ist man selbst es auch.

Es gab auch ordentliche Menschen, die gegen ihren Willen in dem Nazisystem gefangen waren. Manchmal, wenn ich in der Fabrik arbeitete, flüsterte mir einer der Wachmänner zu: »Wann hast du Toilettenpause?« Und wenn es dann so weit war, fand ich eine Schüssel mit Haferbrei und Milch dort vor. Nicht viel, aber es schenkte mir Kraft und die Hoffnung, dass es auf der Welt auch noch gute Menschen gab.

Doch manchmal fiel es den guten Deutschen schwer, sich bemerkbar zu machen. Sie wussten ja nicht, ob sie uns trauen konnten. Wenn sie dabei erwischt wurden, dass sie einem Juden halfen, konnte es sie das Leben kosten. Die Unterdrücker hatten ja genauso viel Angst wie die Unterdrückten. So sieht Faschismus aus – in diesem System werden alle zu Opfern.

Ein Mann, der das Essen für die Häftlinge in der IG-Farben-Fabrik brachte, freundete sich mit mir an. Sein Name war Krauss, und im Laufe der Monate lernten wir uns sehr gut kennen. Er war Zivilist, kein Nazi, und wenn er konnte, brachte er mir heimlich eine kleine Extraportion mit. Sie fuhren unser Essen auf Wagen herein, teilten die Suppe aus einem Fass aus, während wir uns alle mit unseren kleinen Blechbechern in einer Reihe aufstellten, und danach fuhren sie die leeren Fässer wieder weg. Das Essen war schrecklich, aber jedes Bröckchen, das ich zusätzlich bekommen konnte, sicherte mein Überleben.

Einmal erwischte er mich allein und sagte mir, er habe einen Plan, wie mir die Flucht gelingen könne. Der Fahrer des Essenswagens sollte einen gelben Streifen auf eins der Fässer malen, und sie würden dieses Fass innen mit einer Kette präparieren. Wenn es leer wäre, sollte ich hineinklettern und fest an der Kette ziehen, sodass es verschlossen wäre. Dann würden sie dieses Fass auf den Wagen laden. Er würde dieses Fass auf die linke Ecke der Ladefläche stellen, und wenn sie raus wären und die Luft rein wäre, dann würde er pfeifen, sodass ich wüsste, wir wären auf halbem Weg zwischen der Fabrik und dem

Lager. Ich sollte das Fass dann mit einer Gewichtsverlagerung in einer Kurve vom Wagen rollen.

Wir arbeiteten fieberhaft an diesem Plan. Am verabredeten Tag war ich sehr nervös, aber auch froh, als ich in das Fass kletterte. Ich klammerte mich an der Kette fest und hielt die Luft an, um kein Geräusch zu machen, während das Fass auf den Wagen geladen wurde. Dann fuhr der Wagen los, ich hörte den Motor und spürte die Bewegung. Als er richtig schnell fuhr, hörte ich das Pfeifen und wusste, jetzt musste ich mich zur Seite werfen, um das Fass vom Wagen rollen zu lassen.

Tatsächlich fiel das Fass von der Ladefläche und fing an, einen Abhang hinunterzurollen. Ich lag darin und drehte mich mit, als wäre ich in eine Turbine geraten, immer schneller und schneller, fest an die Kette geklammert. Plötzlich prallte das Fass gegen einen Baum und blieb liegen. Mir war schwindelig, und ich hatte einige blaue Flecken, war aber ansonsten unverletzt geblieben. Und ich war frei! Der Plan hatte perfekt funktioniert.

Bis auf eine Sache. In unserer Aufregung hatten wir vergessen, dass ich ja Häftlingskleidung trug, dazu eine Tätowierung am Arm und dieselbe Nummer in zwanzig Zentimeter großen Ziffern auf meinem Rücken. Wohin sollte ich so nur gehen? Außerdem war es fast schon dunkel, es wurde entsetzlich kalt, und ich hatte keine Jacke an. In der Fabrik zogen wir die Mäntel aus und hängten sie auf, bevor wir anfingen zu arbeiten, ich trug also nur mein Häftlingshemd. Ich brauchte Hilfe!

Nachdem ich eine Weile durch den Wald gelaufen war, kam ich zu einem Haus, das sehr einsam lag. Rauch kam aus dem Schornstein. Ich ging hin und klopfte an die Tür. Ein Pole öffnete mir. Ich sprach kein Polnisch, nur Deutsch und Französisch, aber ich bat ihn in beiden Sprachen, mir zu helfen: Ich brauchte ein Hemd. Schweigend starrte er mich an, dann drehte er sich um und ging den Flur hinunter, einen langen Flur mit Türen zu beiden Seiten. Er ging in das letzte Zimmer. Ich war sehr erleichtert und sicher, dass er mir helfen würde.

Doch als er zurückkam, hatte er kein Hemd bei sich, sondern ein Gewehr, mit dem er auf mich zielte. Ich drehte mich um und rannte im Zickzack davon, während er immer wieder auf mich schoss – einmal, zweimal, dreimal, immer wieder. Beim sechsten Schuss traf er mich an der linken Wade. Ich schrie auf, konnte aber noch weiterlaufen. Dann riss ich mein Hemd in Streifen, um mir einen Verband zu machen, und dachte nach, wie es weitergehen sollte. Mit wachsendem Entsetzen wurde mir klar, dass ich niemals überleben würde, wenn mir die Polen hier genauso feindlich gesinnt waren wie die Deutschen.

Ich hatte nur eine Chance: Ich musste nach Auschwitz zurückhumpeln.

Also schleppte ich mich auf die Anhöhe, wo die letzten Arbeiter von ihrer Schicht in der Farbenfabrik zurückmarschieren würden. Mein Plan sah so aus: Ich wusste, sie würden ziemlich viel Lärm machen. Hunderte von marschierenden Füßen, das Gebrüll der Deutschen, Hundegebell. Ich würde mich im Straßengraben verstecken, und wenn sie vorbeikämen, würde ich mich in ihre Reihen mogeln.

Mein Plan ging auf, und ich konnte mich der Gruppe anschließen. So ging ich einfach nach Auschwitz zurück, in meine alte Baracke, zu meinen Leuten. Die Nazis hatten überhaupt nicht mitbekommen, dass ich weg gewesen war. Mein einziges Andenken an meine Flucht war eine polnische Gewehrkugel in der linken Wade.

Ob ich diesen Mann hasse? Nein, ich hasse niemanden. Er war schwach und hatte wahrscheinlich genauso viel Angst wie ich. Er ließ es zu, dass seine Moral von seiner Angst gefressen wurde. Ich weiß aber auch, dass auf jeden grausamen Menschen auf der Welt ein guter Mensch kommt. Und so sollte ich bei anderer Gelegenheit nur durch die Hilfe guter Freunde überleben.

9

Der menschliche Körper
ist die beste Maschine,
die je gebaut wurde.

Zurück im Lager, eilte ich zu Dr. Kinderman, einem älteren Herrn aus Nizza, mit dem ich mich angefreundet hatte. »Monsieur Kinderman, ich habe eine Kugel im Bein«, sagte ich leise zu ihm. »Würden Sie so nett sein, die rauszumachen?«

Ich war in Block 14 untergebracht, Dr. Kinderman in Block 29, aber er verabredete sich mit mir für den Abend in der Latrine von Block 16, der einzigen Latrine mit Tür. Dort würde er mich operieren und die Kugel entfernen. Die Tür war nicht abschließbar, ich würde sie also zuhalten müssen, während er mich operierte. Er hatte auch kein Operationsbesteck, besorgte sich aber einen Brieföffner aus Elfenbein, der aussah wie ein kleines Messer. Er warnte mich, es würde höllisch wehtun, aber immerhin hatten wir einen Plan. In der Nähe des Lagers, nicht weit von Block 16, gab es ein Nonnenkloster, und die Nonnen läuteten jeden Abend ihre Glocke. Wir würden warten, bis die Glocke ertönte, damit mein Stöhnen nicht zu hören war, und dann würde er sich an die Arbeit machen.

Wie angekündigt, tat es sehr weh. Aber mithilfe des Brieföffners und einem kräftigen Ruck holte der Doktor die Kugel aus meinem Bein. Er befahl mir, meine Finger abzulecken und meine eigene Spucke als Desinfektionsmittel zu benutzen. Wir hatten ja sonst nichts, keine Seife und auch kein heißes Wasser, um die Wunde zu säubern. An den folgenden Abenden trafen wir uns in der Toilette und er half mir, die Wunde sauber zu halten. Nach drei Monaten war sie zugeheilt. Ich habe an der Stelle eine Narbe zurückbehalten, aber ich habe überlebt, dank Dr. Kinderman.

Als ich nach dem Krieg versuchte, ihn wiederzufinden, war er leider verstorben. Er hat mir an diesem Abend das Leben gerettet, und ich werde ihm immer dankbar sein. Und ein Rat, den er mir gab, war noch wertvoller als die Operation. »Eddie, wenn du überleben willst, leg dich nach der Rückkehr von der Arbeit hin, ruh dich aus, bewahr dir deine Kraft. Eine Stunde Ruhe bedeutet zwei Tage Überleben.«

Einige von uns liefen im Lager herum, wenn sie von der Fabrik zurückkamen. Sie suchten nach etwas zu essen, nach Verwandten und Freunden. Manchmal fanden sie ihre Lieben, aber Essen gab es nirgends, sie verschwendeten also nur kostbare Energie. Ich bewahrte mir so viel davon wie möglich. Ich wusste, jede Kalorie, die ich fürs Herumlaufen verbrannte, konnte ich nicht mehr verwenden, um warm zu bleiben, Wunden zu heilen und am Leben zu bleiben.

Nur so konnte man in Auschwitz überleben – einen Tag nach dem anderen, stets darauf konzentriert, den Körper zu erhalten. Die Menschen, die sich nicht ausschließlich aufs Überleben konzentrierten und auf das, was dafür nötig war, schafften es nicht. Wer sich um das Sorgen machte, was er verloren hatte – sein altes Leben,

Geld, Familie –, schaffte es nicht. In Auschwitz gab es keine Vergangenheit und keine Zukunft, nur das nackte Überleben. Entweder man passte sich diesem seltsamen Dasein in der Hölle an, oder man schaffte es nicht.

Eines Tages kam ein Transport aus Ungarn. Die Menschen beschlossen, ihre Essensration aufzusparen. Sie aßen die eine Hälfte und wickelten die andere in Papier, um sie aufzubewahren. Wir waren außer uns! Sie verstanden überhaupt nicht, was sie da taten. Wenn die Nazis herausfanden, dass sie Brot versteckten, würden sie sie schlagen und sagen: »Die Juden können gar nicht alles aufessen, was wir ihnen geben. Dann können wir die Rationen wohl kürzen.« Dabei war es eh schon nicht genug, um auch nur einigermaßen gesund zu bleiben. Wir waren ständig hungrig, wurden jeden Tag magerer, manchmal fantasierten wir vor lauter Hunger.

Ein Mann in meinem Stockbett, ein französischer Jude, der vor dem Krieg Chefkoch gewesen war, träumte nachts vom Essen. Dann rief er im Schlaf die Namen all dieser köstlichen französischen Gerichte: *Vol-au-vent, Filet mignon, Baguette* … Den meisten machte das nicht viel aus – mir schon, weil ich die halbe Nacht kein Auge zubekam und dem Franzosen, der all das wunderbare Essen beschrieb, mit knurrendem Magen zuhören musste.

Eines Nachts rüttelte ich ihn wach. »Wenn du nicht aufhörst mit deinem Gerede von Süßspeisen, bringe ich dich um«, sagte ich auf Französisch zu ihm.

In Auschwitz ging es ums Überleben, aber ohne gute Freunde war ein Überleben nicht möglich. Ohne die

Freundlichkeit und Freundschaft anderer Menschen, die sich Mühe gaben, mir zu helfen, hätte ich nicht mal einen Monat überstanden.

Jeden Morgen um fünf, wenn die Klosterglocke zum Gebet rief, trafen Kurt und ich uns in der Dusche, um unser bisschen Seife zu teilen. Einmal im Monat gab ich einem Friseur etwas Brot, damit er uns die Köpfe rasierte und uns so die Läuse vom Leib hielt. Wir taten alles Menschenmögliche, um einander am Leben zu halten.

Fast vier Monate lang gab es morgens Kaffee. Keinen sehr guten Kaffee, eher eine Art chemischen Ersatzstoff, aber wir tranken ihn gierig. Dann, eines Tages, fand ich, dass der Kaffee seltsam roch. Ich ging in die Küche und fragte: »Was tut ihr uns da in den Kaffee?«

»Bromid«, sagte der Küchenhelfer. Das war ein Stoff, mit dem sie den Sexualtrieb junger Männer dämpfen wollten. Für zehn Männer braucht man etwa eine halbe Tasse davon.

»Wie viel tut ihr da rein?«, fragte ich.

»Was soll denn die Frage? Wir machen die Dose auf und schütten sie hinein!«, sagte er. Eine Menge, die genügte, um hundert Männer chemisch zu kastrieren! Also tranken Kurt und ich keinen Kaffee mehr. Nur deshalb habe ich heute eine Familie. Ein Freund von mir, der nach Israel ausgewandert ist, hat überlebt, konnte aber keine Kinder zeugen, weil er weiterhin diesen Kaffee trank, der ihn unfruchtbar machte.

Wir wurden jeden Tag schwächer. Und wir wussten, sobald wir zu schwach zum Arbeiten waren, wäre das unser sicherer Tod. Regelmäßig kam ein Arzt in unsere

Baracke, um uns zu untersuchen und nach Läusen zu schauen. Er nahm sich die Hemden der Männer vor, und wenn er auch nur eine Laus fand, töteten sie alle, indem sie den Schlafraum versiegelten und alle vergasten. Davor hatten wir große Angst, denn Läuse gab es hier überall. Am Morgen der Inspektion suchten wir uns immer denjenigen mit dem saubersten Hemd aus, knackten alle Läuse und stellten ihn dem Arzt vor. Auf diese Weise kamen wir alle durch die Inspektion.

Unser Gewicht jedoch konnten wir nicht manipulieren. Einmal im Monat kam der Arzt und ließ uns alle antreten, um unsere Hinterteile anzusehen. Dabei ging es um die Fettreserven dort. Wenn die Hinterbacken nur noch aus herunterhängender Haut bestanden, war es aus. Dann nützte man den Nazis nichts mehr und wanderte in die Gaskammer. Jeden Monat wurden viele Menschen allein aus diesem Grund in den Tod geschickt; wir lebten in ständiger Furcht davor.

Kurt und ich trafen uns jedes Mal nach der Inspektion, um zu sehen, ob der andere noch lebte. Es war jeden Monat wieder ein Wunder. Obgleich es uns so schlecht erging, blieben unsere Gesichter einigermaßen rund, sodass wir überlebten.

Bis heute bin ich voller Ehrfurcht vor dem menschlichen Körper und seinen Fähigkeiten. Ich bin Feinmechaniker und habe Jahre damit zugebracht, die kompliziertesten, raffiniertesten Maschinen zu bauen, doch etwas wie den menschlichen Körper würde ich nie zustande bringen. Er ist die beste Maschine, die jemals gebaut wurde. Er verwandelt Brennstoff in Leben, kann sich selbst reparieren und alles tun, was man von ihm verlangt. Deshalb bricht es mir heute auch das Herz, wenn ich sehe, wie manche Menschen ihren Körper behandeln. Sie ruinieren diese wunderbare Maschine mit Zigaretten, Alkohol und giftigen Drogen. Sie zerstören die beste Maschine, die es jemals gab – was für eine fürchterliche Verschwendung!

Jeden Tag, den ich in Auschwitz lebte, wurde mein Körper an seine Grenzen gebracht – und darüber hinaus. Er erlitt Hunger, Schläge, Kälte und Verletzungen. Und doch hielt er mich in Gang. Er hielt mich am Leben. Und genau das tut er jetzt schon seit mehr als hundert Jahren. Was für eine fantastische Maschine!

Was in der medizinischen Abteilung von Auschwitz vor sich ging, erfuhren wir damals nicht. Nach dem Krieg wurden die grausamen, wahnsinnigen medizinischen Experimente, die Mengele und seine Ärzte dort hinter verschlossenen Türen an Männern, Frauen und Kindern durchführten, in der ganzen Welt bekannt, doch damals hörten wir lediglich Gerüchte. Wenn ein Häftling krank wurde und man ihn ins Krankenhaus brachte, standen die Chancen hoch, dass man ihn nie wiedersah.

Einmal wurde ich sehr krank, eine Art Leberentzündung. Ich bekam Gelbsucht, wurde sehr schwach, und meine Haut nahm tatsächlich eine kränkliche gelbe Farbe an. Man brachte mich in eine Krankenbaracke, wo ich zwei Wochen bleiben musste. Kurt machte sich große Sorgen um mich. Er wusste ja nicht, ob ich behandelt wurde und ob ich etwas zu essen bekam. Einmal besuchte er mich und brachte mir eine Schüssel mit heißer Suppe mit, die eigentlich für ihn bestimmt gewesen war. Draußen tobte ein heftiger Schneesturm, und der Wind heulte. Ich sah, wie Kurt sich durch den Sturm kämpfte, um zu mir zu kommen. Ein SS-Mann folgte ihm. Ich wollte Kurt Zeichen machen, er solle umkehren und vorsichtig sein, aber er verstand mich nicht, und so konnte ich nur hilflos zusehen, wie der Mann ihn einholte. Der Nazi nahm ihm die Schüssel weg und schlug Kurt damit auf den Kopf, sodass er sich an der heißen Suppe das Gesicht verbrühte.

Armer Kurt! Wir behandelten seine Verletzungen mit Schnee und eilten zu meinem Freund Dr. Kinderman. Er gab uns Brandsalbe und Verbandmaterial, sodass wir Kurts Gesicht behandeln konnten. Sonst hätte sich seine Haut wohl abgeschält, aber Kinderman konnte ihn retten. Auch meiner Schwester konnte er Medizin beschaffen. Da sie bei der Arbeit immer im eiskalten Wasser stehen musste, hatte sie sich nach ein paar Monaten Wundbrand zugezogen und brauchte Spritzen. Mir gelang es ein paar Mal, sie kurz zu besuchen, wenn im Lager Ruhe herrschte. Gelegentlich konnten wir uns an dem Zaun treffen, der das Hauptlager und Auschwitz II-Birkenau trennte. Näher kam ich ihr lange Zeit nicht.

10

Wo Leben ist,
da gibt es Hoffnung.

Jeden Morgen läutete eine Glocke und rief uns aus den Baracken auf den Appellplatz. Am 18. Januar 1945 läutete diese Glocke aber schon morgens um drei, und nach dem Appell sagte man uns, wir würden heute nicht zur Arbeit gehen, sondern nach Deutschland marschieren.

Die Nazis waren dabei, den Krieg zu verlieren. Die Rote Armee rückte immer näher, und als sie nur noch etwa zwanzig Kilometer entfernt war, gerieten die Verantwortlichen von Auschwitz in Panik. Sie fürchteten, dass man entdecken würde, was sie uns angetan hatten. Und so erging der Befehl, Auschwitz und seine Nebenlager zu evakuieren und die Krematorien zu sprengen. Da sie nicht wussten, was sie mit uns machen sollten, beschlossen sie, uns zu Fuß in andere Lager zu bringen, die auf deutschem Gebiet lagen. Heute spricht man in diesem Zusammenhang vom »Todesmarsch«. Bis zu fünfzehntausend Häftlinge starben auf dem Weg. Einige erfroren, andere brachen erschöpft zusammen. Wenn jemand hinfiel, steckten die Nazis ihm oder ihr ein Gewehr in den Mund und erschossen ihn ohne Nachfragen auf der Stelle. So marschierten wir eine Ewigkeit durch den Schnee. Die ganze Nacht konnte man die Schüsse hören, wenn die Nazis wieder jemanden von uns hinrichteten. Immer wieder so ein dumpfes Knallen.

Es war die schwerste Zeit meines Lebens. Die Temperaturen fielen unter minus zwanzig Grad, wir hatten nichts zu essen und kein Wasser. Aber ich hatte Kurt bei mir. Drei Tage lang ging das so, dann erreichten wir eine Stadt namens Gleiwitz, wo wir in einer verlassenen polnischen Kaserne untergebracht wurden. Wir kamen in den zweiten Stock.

Kurt sagte zu mir, er könne keinen Schritt weitergehen. »Eddie, ich kann nicht mehr«, sagte er. Ich war ganz verzweifelt. Es durfte nicht sein, dass mein bester Freund erschossen würde! Fieberhaft suchte ich nach einem Versteck für uns beide, und tatsächlich fand ich unten in der Dusche eine Luke in der Decke. Ich besorgte mir eine Leiter und öffnete die Luke, um zu sehen, ob wir uns dahinter verstecken könnten, aber dort saßen schon drei Leute. Ich bekam einen riesigen Schrecken, aber sie noch viel mehr, weil sie dachten, ich sei ein Nazi. Kurt kroch mit hinein, aber jemand musste ja von außen die Luke wieder schließen. Ich fand ein großes Stück Holz, hinter dem ich die Öffnung verbergen konnte. Kurt blieb drinnen. Bevor ich alles zumachte, umarmte ich ihn noch einmal zum Abschied. Wenn er auf diese Weise eine winzige Chance hatte, zu überleben, würde ich bereitwillig weitermarschieren. Allein die Hoffnung, Kurt eines Tages wiederzusehen, befeuerte meinen Überlebenswillen.

Irgendwann kamen wir an einen Bahnhof, wo die Nazis anfingen, uns auf einen Zug Richtung Buchenwald zu verladen. Wir waren immer dreißig Mann in einem offenen Waggon, und es war so eisig, dass die ersten bald erfroren. Unsere dünnen Häftlingsjacken schützten uns nicht vor der Kälte. Einer der Männer in meinem Waggon war Schneider, und er hatte sich etwas ausgedacht, damit wir überlebten. Er sagte uns, wir sollten alle unsere Jacken ausziehen, und dann machte er sich an die Arbeit und nähte daraus eine riesige Decke. Wir legten uns darunter, die Füße nach innen, sodass nur die Köpfe herausschauten, und so überlebten wir tatsächlich die vier oder fünf Tage, die unsere Fahrt nach Buchenwald dauerte. Seine geniale Erfindung hielt uns einigermaßen warm.

Unterwegs legte sich Schnee auf unsere Decke, fast einen halben Meter hoch. Wenn einer von uns Durst hatte, musste er nur die Hand ausstrecken und konnte sich Schnee in den Mund stecken. Etwas zu essen bekamen wir nicht, aber während der Fahrt durch die Tschechoslowakei liefen manchmal Frauen neben dem Zug her und warfen uns Brot zu. Es war nicht viel, ein Laib Brot für dreißig Mann, aber selbst ein Bissen Brot ist besser als nichts. Und wieder einmal sah ich, dass es noch gute Menschen auf der Welt gab. Dieses Wissen machte mir Hoffnung, und Hoffnung ist ein wichtiger Brennstoff für den Körper.

Ich habe es schon gesagt, der menschliche Körper ist die beste Maschine, die je erfunden wurde, aber sie läuft nicht ohne den menschlichen Geist. Wir können ein paar Wochen ohne Nahrung auskommen, ein paar Tage ohne Wasser, aber ohne Hoffnung, ohne Vertrauen zu anderen Menschen brechen wir binnen kürzester Zeit zusammen. Nur so überlebten wir: durch Freundschaft, Zusammenarbeit und Hoffnung. In den anderen Waggons türmten sich die Leichen der armen Seelen, die erfroren waren. Das weiß ich, weil ich bei unserer Ankunft in Buchenwald den Befehl bekam, sie auszuladen und ins Krematorium zu bringen. Ich bekam eine Handkarre, eine Art Holzkiste mit großen Autoreifen daran, die ich hinter mir herziehen konnte. Auf diese Karre lud ich die Leichen, immer zehn auf einmal, und zog sie langsam weg.

Doch als ich nach den Beinen eines Toten griff, setzte er sich plötzlich hin und sprach mich an. Vor lauter Schreck bekam ich fast einen Herzanfall. Auf Französisch sagte er zu mir: »Bitte, nimm das Foto aus meiner Tasche. Vor drei Wochen habe ich geheiratet, meine Frau ist keine Jüdin. Sag ihr, was passiert ist.« Mir schossen die Tränen in die Augen. Er war fast noch ein Kind, vielleicht zwanzig Jahre alt. Bevor ich ihn auch nur aus dem Eisenbahnwaggon gezogen hatte, war er tot. Das Foto nahm ich mit.

So war ich also wieder in Buchenwald gelandet, meiner ersten Station 1938, dem Beginn meines Albtraums. Wir wurden in einem großen Hangar untergebracht, während die Nazis versuchten, sich wieder zu organisieren. Ich wusste, dass es aus dieser Situation kein Entkommen gab – ich war so gut wie tot. Hier hauste auch ein SS-Hauptscharführer, den man den »Henker von Buchenwald« nannte, weil er dafür bekannt war, Häftlinge ganz besonders grausam zu quälen. Er kreuzigte katholische Priester mit dem Kopf nach unten, verbrannte Häftlinge mit weißem Phosphor und hängte andere an Bäumen auf, wobei er mittelalterliche Foltertechniken anwandte. Die Nazis wurden immer grausamer und irrer, je klarer es wurde, dass der Krieg verloren war.

In der dritten Nacht kam ein SS-Mann zu uns und brüllte: »Sind hier Werkzeugmacher?«

Ich wartete einen Moment, bevor ich die Hand hob. »Ich bin Werkzeugmacher.«

Ich wusste, das war meine einzige Möglichkeit. Buchenwald wäre mein sicherer Tod, aber in einem anderen Lager hätte ich vielleicht eine winzige Überlebenschance. Tatsächlich brachten sie mich in ein kleines Lager namens Sonneberg, in dem nur etwa zweihundert Häftlinge untergebracht waren. Das Lager lag an einem Waldrand. Ich hatte wirklich Glück gehabt. Die nächsten vier Monate bekam ich Arbeit in einer Spezialwerkstatt in Auma, etwa zwanzig Kilometer vom Lager entfernt. Ein Fahrer holte mich jeden Morgen ab, dann arbeitete ich den ganzen Tag an einer Maschine in einer unterirdischen Fabrik, sodass ich nicht in die Kälte hinausmusste. Aber frei war ich deshalb natürlich nicht. Man kettete mich an die Maschine an, die dazu benutzt wurde, Zahnräder auszurichten. Die Kette war fünfzehn Meter lang, gerade genug, dass ich mich um die Maschine herumbewegen konnte. Und ich trug ein Schild um den Hals, auf dem stand, dass man mich nach dem siebten Fehler, den ich machte, hängen würde.

Bei meiner Arbeit ging es darum, spezielle Teile zu justieren, die absolut präzise laufen mussten. Schon ein Bruchteil eines Millimeters genügte, um Ausschuss zu produzieren. Ich musste diese Teile also auf die perfekte

Größe schleifen. Dabei musste ich sehr, sehr sorgfältig arbeiten, und das von sechs Uhr morgens bis sechs Uhr abends.

Es gab noch einige weitere Häftlinge dort, die an anderen Maschinen arbeiteten. Mein Nachbar war nah genug, dass ich hätte mit ihm reden können, aber er sprach nur Russisch, sodass wir uns nicht unterhalten konnten. Der einzige menschliche Kontakt, den ich den ganzen Tag hatte, war der Wachmann, der mich jeden Morgen an die Maschine ankettete und abends wieder kam, um mich zurück ins Lager zu bringen. Er sollte alle drei Stunden nach mir sehen, mir Brot bringen und dafür sorgen, dass ich zur Toilette gehen konnte, aber er war meistens betrunken und kam oft gar nicht. Wenn ich dann zur Toilette musste, wusste ich nicht, was ich tun sollte.

Irgendwann öffnete ich die Maschine auf der Rückseite und legte ein paar Lumpen hinein, sodass ich wenigstens dort pinkeln konnte. Hätte man mich dabei erwischt, wie ich in die Maschine pinkelte, wäre das mein sicherer Tod gewesen, aber ich wollte mir meine Würde bewahren, auch wenn ich dafür sterben musste.

Der betrunkene Wachmann war selbst für einen SS-Mann ganz besonders unberechenbar. Manchmal schlug er mich ohne Grund, nur weil er schlechte Laune oder zu viel getrunken hatte. Doch wenn er mich zurück ins Lager fuhr, sagte er: »Wehe, du sagst jemandem etwas davon. Dann schieße ich dir in den Rücken und sage, du hättest flüchten wollen. Mir glaubt man sicher mehr als einem toten Juden.«

Eines Tages erzählte er mir, dass der Fabrikdirektor mich sehen wolle. Ich dachte, jetzt wären die sieben Fehler voll und der Galgen warte auf mich. Also wandte ich mich an den Russen an der Maschine neben meiner und machte ihm Zeichen – er konnte mich ja sonst nicht verstehen –, dass er mein Brot nehmen sollte.

»Da, wo ich hingehe, brauche ich kein Brot«, sagte ich.

Der Direktor hieß Goh. Er war älter als ich, doppelt so alt wie mein Vater, trug einen weißen Kittel und hatte weiße Haare, so wie ich sie heute habe. Ich rechnete damit, dass er mich anbrüllen und dass man mich dann hängen würde, doch er sprach ganz ruhig mit mir und fragte mich, ob ich der Sohn von Isidor sei. Als ich bejahte, brach er in Tränen aus. Er sagte zu mir, er habe meinen Vater im Ersten Weltkrieg im Kriegsgefangenenlager kennengelernt. Ihm tat das, was passiert war, sehr leid, aber er sagte, er habe keine Macht, etwas dagegen zu unternehmen.

»Eddie, ich kann dir nicht helfen, von hier zu entkommen, aber ich werde dafür sorgen, dass du jeden Tag bei Arbeitsbeginn eine Zusatzration Essen bekommst. Das ist das Mindeste, was ich tun kann. Bitte denk nur daran, was du nicht selbst aufisst, musst du wegwerfen.«

Und so fand ich von diesem Tag an jeden Morgen, wenn ich zur Arbeit kam, etwas zu essen in der Maschine. An der Seite war eine kleine Klappe, wo die Spezialwerkzeuge aufbewahrt wurden. Und dort fand ich Brot, Haferbrei mit Milch, manchmal sogar ein Stück Salami. Das Essen war mir sehr willkommen, aber inzwischen sahen wir Häftlinge, die überlebt hatten, aus wie Skelette.

Unser Verdauungssystem war von Hunger und schlechtem Essen so geschädigt, dass wir kaum noch etwas bei uns behielten. Nicht einmal den Haferbrei konnte ich essen, ich musste ihn im Waschraum mit Wasser verdünnen. Die Milch war zu fett für mich. Die Salami hätte mich vermutlich umgebracht. Und ich konnte sie ja nicht an andere Häftlinge weitergeben, weil ich damit den alten Freund meines Vaters in Gefahr gebracht hätte. Also musste ich sie in der Maschine loswerden, indem ich sie durch die Zahnräder schickte, die sie zermalmten. Stell dir so etwas vor – so viel Hunger, dass man nicht mehr essen kann! Doch die Freundlichkeit dieses Mannes gab mir neue Kraft, sodass ich nicht aufgab.

Seine Freundlichkeit reichte freilich nicht aus, um meine Gesundheit wiederherzustellen, und ich war immer noch sehr schwach, aber sie zeigte mir doch, dass uns nicht alle Menschen hassten. Vielleicht war das noch wertvoller. Ich sagte mir: »Eddie, nicht aufgeben.« Denn wenn man aufgibt, ist man am Ende. Wenn man aufgibt, wenn man sich sagt, dass das Leben keinen Wert mehr hat, dann überlebt man nicht mehr lange. Wo es Leben gibt, da gibt es Hoffnung. Und wo es Hoffnung gibt, da gibt es Leben.

Ich blieb nur vier Monate dort, dann kam die Rote Armee immer näher. Britische und amerikanische Flugzeuge überflogen nachts die Lager. Dann fingen sie an, Bomben abzuwerfen. Wir konnten die Detonationen hören, selbst tief unter der Erde, in der Fabrik. Eines Nachts wurde die Fabrik voll getroffen. Die Explosion hallte bis zu meinem Arbeitsplatz und warf mich zu Boden. Dann brach ein Feuer aus, und die Wachen gerieten in Panik, rannten herum und riefen: »Raus! Raus!« Doch was sollte ich tun? Ich rief einen der Wachleute, und er kam, um meine Kette von der Maschine zu lösen. Erst als wir oben ankamen, wurde ihm klar, dass ich kein Kriegsgefangener war, sondern ein Jude. Er war so wütend, dass er sein Leben riskiert hatte, um mich zu retten, dass er mir mit dem Gewehrkolben ins Gesicht schlug. Meine Haut platzte auf, noch wochenlang hatte ich Kopfschmerzen.

Sie nähten meine Wunde und ließen mich an einer anderen Stelle in der Fabrik weiterarbeiten, noch tiefer unter der Erde, an einem Fließband, wo Getriebe montiert wurden. Die Kriegsmaschinerie der Nazis brauchte für alles Mögliche Getriebe: für Autos, Lastwagen, Panzer, Artillerie. Ich habe keine Ahnung, was sie damit machten, aber wir wussten alle, der Krieg lief nicht gut für die Deutschen.

Ich konnte den Geschützdonner in der Ferne hören, die russische Artillerie, die Erschütterungen, wenn britische Bomber ihre Fracht abwarfen. Etwa zwei Wochen nach Beginn der Bombardierungen wurden die Häftlinge wieder evakuiert – doch diesmal hatten die Nazis keinen Plan. Sie wollten nur noch weg von den Russen, aber damit kamen sie den Amerikanern zu nahe und mussten wieder umdrehen. Am Ende liefen wir etwa dreihundert Kilometer im Kreis.

Da sie offenbar keine Ahnung hatten, was sie mit uns machen sollten, fürchtete ich, sie würden uns erschießen. Der Krieg war ganz offensichtlich vorbei, aber wir waren Zeugen für ihre Gräueltaten. Und Mörder neigen dazu, Zeugen aus dem Weg zu räumen.

Jeden Tag wurden wir schwächer und die Nazis verzweifelter. Sie wollten nur noch weg – jede Nacht verschwanden einige Wachmänner in der Dunkelheit und verdrückten sich.

Wir marschierten auf der Straße, auf einer dieser breiten deutschen Straßen mit einem Graben auf jeder Seite. Hier und da gab es Abflussrohre, die unter der Straße entlangführten. Ich sah meine Chance, mich in einem dieser Rohre zu verstecken. Aber dafür brauchte ich Ausrüstung.

Während unseres Marsches kamen wir an Holzfässern vorbei, in denen saure Gurken eingelegt gewesen waren, mit großen Deckeln, ziemlich dick und breit. Zwei von den Deckeln nahm ich mit und trug sie die ganze Zeit bei mir. Die anderen Häftlinge dachten, ich würde spinnen. Wer war denn bloß dieser verrückte deutsche Jude, der mit großen, nutzlosen Holzstücken herumlief, obwohl er doch eh schon so schwach war? Wenn wir Rast machten, saß ich auf den Deckeln, damit die Wachen sie nicht sahen.

Eines Abends, es war sehr spät, kamen wir an einem verlassenen Pferd vorbei, das auf einer Weide stand. Das arme Tier war furchtbar mager, noch magerer als ich. Der befehlshabende Offizier sah das Pferd und dachte, das wäre vielleicht ein Abendessen. Er ließ uns für die Nacht Rast machen und erklärte, wir würden alle Suppe bekommen.

In dieser Nacht versammelten sich alle, Wachen und Gefangene, um auf ihre Portion Pferdesuppe zu warten. Da wusste ich, meine Chance war gekommen. Jetzt oder nie.

Als es so dunkel war, dass mich niemand mehr sehen konnte, sprang ich in den Straßengraben und kletterte von dort aus in das Abflussrohr. Dieses Rohr war allerdings halb voll mit eiskaltem Wasser, das so schnell lief, dass ich bald meine Schuhe verlor. Vor lauter Kälte und Erschöpfung wurde ich sehr müde, legte also ein Stück Holz auf meine linke Seite und eins nach rechts und schlief ein. Ich weiß nicht, wie lange ich schlief, aber als ich wieder wach wurde, waren die Holzstücke gespickt mit Kugeln: achtunddreißig rechts, zehn links. Ohne diese Deckel von alten Gurkenfässern wäre ich mausetot gewesen, Futter für die Ratten. Deshalb hatte ich wohl auch nie gesehen, wie jemand aus diesen Röhren kam: Die SS-Leute blieben hinter uns zurück und schossen mit ihren Maschinenpistolen in die Röhren.

Als ich wieder herauskroch, waren keine Nazis mehr da und auch sonst niemand. Ich war frei! Aber in welchem Zustand! Ich nahm einen Stein und kratzte an der eintätowierten Nummer auf meinem Arm, bis die Stelle blutete, sodass man die Tätowierung nicht mehr sah. Dann machte ich mich auf den Weg und lief so lange, bis ich zu einem kleinen Bauernhaus kam, ganz ähnlich dem in Polen, wo der Mann auf mich geschossen hatte. Es war sehr früh am Morgen, als ich dort anklopfte. Ein junges Mädchen, vielleicht siebzehn, achtzehn Jahre alt, kam an die Tür.

»Keine Angst«, sagte ich in bestem Hochdeutsch. »Ich bin Deutscher wie Sie. Ich bin aber auch Jude. Und ich brauche Hilfe. Könnte mir Ihr Vater oder Bruder mit einem Paar Schuhe aushelfen? Um mehr bitte ich Sie gar nicht.«

Sie rief nach ihrem Vater, und er kam an die Tür, ein Mann von vielleicht fünfzig Jahren. Er blickte auf meinen Arm, der immer noch blutete, dann zu meinem Kopf mit dem Häftlingshaarschnitt … und fing an zu weinen. Dann reichte er mir die Hand.

»Kommen Sie rein«, sagte er.

»Nein«, erwiderte ich. Ich traute niemandem. Er bestand darauf, mich mit Kleidung zu versorgen: einem Pullover, einer Mütze mit dickem Rand und guten Lederschuhen, wie ich sie seit drei Jahren nicht mehr getragen hatte. Die gestreifte Häftlingsmütze warf ich sofort weg.

Der Mann bot mir an, in seinem Heuschober zu schlafen, der dreißig Meter hinter dem Hof lag. Am nächsten Morgen würde er mir helfen, weiterzukommen. Ich schlief tatsächlich dort, schlich mich aber ganz früh am nächsten Morgen weg und lief vier Kilometer bis zum Wald, wo ich mich gut verstecken konnte. Dort fand ich eine Höhle, in der ich die Nacht verbrachte, aber das war kein guter Ort, um länger zu bleiben. Mitten in der Nacht fingen Hunderte von Fledermäusen an, darin herumzuflattern, sie stießen sogar gegen meinen Kopf. Zum Glück hatte ich keine Haare, in denen sie sich verfangen konnten!

Am nächsten Tag kam ich wieder an eine Höhle, diesmal eine, in der mich niemand finden würde. Sie war so tief und dunkel, dass ich manchmal selbst nicht herausfand. Ich ernährte mich von Kröten und Schnecken, die ich fing und roh verschlang. An einem Tag verirrte sich ein Huhn in meine Höhle – ich sprang es an und tötete das arme Ding mit bloßen Händen. Mein Hunger war so groß, aber ich konnte ja kein Feuer machen, um es zu braten! Wasser holte ich aus einem Bach, aber das Wasser war nicht gut – ich wurde so krank davon, dass ich mich nicht mehr aufrecht halten konnte.

Ich beschloss, dass es so nicht weitergehen konnte. Ich war so krank, dass ich nicht mehr laufen konnte. Ich sagte mir, wenn sie mich jetzt erschießen, tun sie mir einen Gefallen. Also kroch ich auf allen vieren zur Landstraße. Und als ich aufblickte, kam ein Panzer die Straße entlanggefahren. Ein amerikanischer Panzer!

Ach, diese prächtigen amerikanischen Soldaten! Ich werde sie nie vergessen. Sie wickelten mich in eine Decke, und das Nächste, woran ich mich erinnere, ist, dass ich eine Woche später in einem deutschen Krankenhaus aufwachte. Erst dachte ich, ich wäre verrückt geworden, denn gestern noch hatte ich doch in der Höhle gelegen, und jetzt lag ich in einem Bett mit weißen Laken und Kissen, umgeben von Krankenschwestern.

Der Leiter des Krankenhauses war ein Professor mit einem langen Bart. Er kam öfter an mein Bett und schaute nach mir, doch sooft ich auch fragte, er sagte mir nichts über meinen Zustand.

Ich wusste, dass es mir schlecht ging. Ich hatte Cholera und Typhus, war unterernährt, wog nur noch achtundzwanzig Kilo. Eines Tages kam eine Schwester namens

Emma zu mir. Als sie ihren Kopf auf die Bettdecke legte, um zu prüfen, ob ich noch atmete, packte ich sie am Arm und sagte: »Emma, ich lasse Sie nicht wieder los, wenn Sie mir nicht verraten, was der Doktor sagt.« Dann brach ich in Tränen aus.

Sie flüsterte mir ins Ohr: »Die Chancen stehen fünfundsechzig zu fünfunddreißig, dass Sie sterben. Und da haben Sie noch Glück.«

In diesem Augenblick gab ich Gott das Versprechen, dass ich ein ganz neuer Mensch werden würde, wenn ich überlebte. Ich versprach ihm, ich würde Deutschland verlassen und das Land nie wieder betreten, das mir alles gegeben und dann alles geraubt hatte. Ich versprach ihm, dass ich den Rest meines Lebens der Aufgabe widmen würde, den Schmerz wiedergutzumachen, der der Welt durch die Nazis zugefügt worden war. Und dass ich jeden Tag in vollen Zügen leben würde.

Ich glaube, wenn man einen guten Kampfgeist hat und sich an seiner Hoffnung festhält, kann der Körper wunderbare Dinge vollbringen. Es gibt immer ein Morgen. Wenn du tot bist, bist du tot, aber wo es Leben gibt, da gibt es Hoffnung. Gib der Hoffnung eine Chance, du hast ja nichts zu verlieren!

Und mein Freund, meine Freundin: Ich überlebte.

11

Es geschehen immer wieder
Wunder auf dieser Welt, selbst dort,
wo alles dunkel scheint.

Sechs Wochen verbrachte ich im Krankenhaus und kam allmählich wieder zu Kräften. Als es mir besser ging, beschloss ich, nach Belgien zu reisen, um meine Familie zu suchen. Vor meinem Aufbruch bekam ich Flüchtlingspapiere und ein paar Kleider – eine Hose, zwei Hemden und eine Mütze.

Und so ging ich los, zu Fuß, manchmal fuhr ich auch ein Stück per Anhalter. An der Grenze hielten mich die Soldaten auf und sagten, ich könne nicht einreisen, weil ich Deutscher sei.

»Nein«, erwiderte ich. »Ich bin kein Deutscher, sondern ein Jude, den die Belgier den Nazis ausgeliefert haben, damit sie mich ermorden könnten. Doch ich habe überlebt. Und jetzt komme ich zurück nach Belgien.« Dagegen konnten sie nicht viel sagen. Tatsächlich ließen sie mich nicht nur einreisen, sondern gaben mir sogar doppelt so viele Lebensmittelkarten, sodass ich mehr Butter, Brot und Fleisch bekam, alles Dinge, die in der unmittelbaren Nachkriegszeit rationiert waren.

Ich fuhr also nach Brüssel und suchte die schöne Wohnung auf, in der meine Eltern gelebt hatten, als wir aus Deutschland geflohen waren. Die Wohnung gab es noch, aber alle Sachen, die sie hatten zurücklassen müssen, als sie ins Versteck gingen, waren weg. Und natürlich waren auch meine Eltern nicht da. Die Wohnung war leer – lauter leere Zimmer. Es war schlimm, da zu stehen und zu wissen, dass ich sie nie wiedersehen würde. Tatsächlich fand ich kein einziges Mitglied meiner Familie. Vor dem Krieg hatte ich mehr als hundert Verwandte gehabt, die über ganz Europa verstreut lebten. Nach dem Krieg war ich, soweit ich wusste, allein.

Ich glaube nicht, dass ich mich über die Befreiung gefreut habe. Ja, ich war frei, aber wozu? Um allein zu sein? Um das Kaddisch, das Totengebet, für so viele Menschen zu sprechen? Das ist doch kein Leben! Ich weiß, viele Menschen haben sich nach dem Ende des Krieges, nach der Befreiung umgebracht. Ich war sehr traurig, sehr einsam. Vor allem meine Mutter vermisste ich so sehr!

Ich musste eine Entscheidung treffen: Wollte ich leben oder Tabletten nehmen und sterben? Aber ich hatte ja mir selbst und Gott ein Versprechen gegeben, so gut zu leben, wie es mir möglich war. Sonst wäre der Tod meiner Eltern und all das Leiden nichts wert gewesen.

Also beschloss ich zu leben.

Da ich nicht wusste, wohin ich gehen und wen ich treffen sollte, verbrachte ich einige Zeit in einer Suppenküche, die von einer jüdischen Wohlfahrtsorganisation betrieben wurde. Dort gab es Essen und Gesellschaft für jüdische Flüchtlinge in Brüssel, aber auch für jüdische Soldaten aus den Armeen der Alliierten. Es war wirklich erstaunlich. Nachdem ich jahrelang gesehen hatte, wie mein Volk geschlagen und verfolgt wurde, wie die Menschen zu Skeletten abmagerten, war ich jetzt von jüdischen Kämpfern umgeben: kräftigen, kampfgestählten, gesunden Männern. Soldaten aus aller Welt: aus Europa, Amerika, England, Palästina. Ein unglaublicher Anblick.

Und noch viel unglaublicher war, dass dort in der Schlange, wo wir auf unser Essen warteten, mein bester Freund stand: Kurt!

Kannst du dir das vorstellen? Es war nicht zu fassen! Dieser Mann, der mir so lieb war wie ein Bruder, der an meiner Seite gewesen war und mir geholfen hatte, die Hölle auf Erden zu überleben! Dieser Mann, von dem ich gedacht hätte, er wäre in Gleiwitz gestorben! Da stand er, trank Kaffee, aß Kuchen, war gesund und in Sicherheit. In Belgien! Ich war so glücklich, ihn zu sehen! Wir umarmten uns und konnten nicht aufhören, vor Freude zu weinen.

Während des Essens erzählte er mir, wie es mit ihm weitergegangen war. Er hatte sich zwei Tage lang versteckt gehalten, bis er schwere Soldatenstiefel hörte, die sich näherten. Er und die anderen Männer in dem Versteck waren außer sich vor Angst und dachten, ihr letztes Stündlein hätte geschlagen. Doch dann hörten sie, dass die Soldaten russisch sprachen, und machten sich bemerkbar. Es dauerte eine Weile, bis sie die Russen überzeugt hatten, dass sie harmlose Häftlinge waren. Sie sprachen kein Russisch, und die Russen sprachen kein Deutsch, und sie hatten Nazigräueltaten in ganz Europa gesehen und waren angefüllt mit rechtschaffenem Zorn. Doch als sie begriffen, dass Kurt und die anderen Opfer waren, behandelten sie sie gut. Sie gaben ihnen zu essen und Kleidung und brachten sie nach Odessa, wo sie den

Rest des Krieges in Sicherheit waren. Kurt konnte dann eine Schiffspassage von Odessa nach Brüssel ergattern und war schon Monate vor mir dort angekommen.

Ich war selig, ihn wiedergefunden zu haben. Ich war sicher gewesen, dass er tot war, dass ich ihn nie wiedersehen würde. Und jetzt saßen wir hier bei Kaffee und Kuchen. Ich hatte meine Eltern verloren und wusste nicht, was aus meiner Schwester geworden war, doch Kurt war für mich so etwas wie Familie. Dass er wieder da war, gab mir die Kraft, die ich brauchte, um weiterzumachen und nicht aufzugeben. So oft hatte ich ihn schon verloren und wiedergefunden – es war jedes Mal wieder ein wahres Wunder.

Gemeinsam gingen wir zu einem Zentrum für Flüchtlinge, wo es Essen und Lebensmittelkarten gab, doch als wir die Warteschlange sahen, waren wir entsetzt, so viele jüdische Flüchtlinge zu sehen, die alles verloren hatten. Es waren Hunderte!

»Wir schaffen es niemals, wenn wir uns auf Wohltätigkeitsorganisationen verlassen«, sagte ich zu Kurt. »Wir müssen uns Arbeit suchen.« Und damit verließen wir die Warteschlange und gingen stattdessen zur Arbeitsvermittlung, wo wir erklärten, wir würden erst gehen, wenn man uns Arbeit beschafft hätte.

Kurt war gelernter Möbelschreiner und wurde bald Vorarbeiter in einer kleinen Fabrik, die schöne Möbel herstellte. Ich fand die Suchanzeige eines Mannes, der eine Maschinenbaufabrik mit Teilen für die Eisenbahn eröffnen wollte und einen Feinmechaniker suchte. Herr Bernard Antcherl war ein sehr freundlicher und großzügiger Mann. Gemeinsam fuhren wir in die Schweiz, und er kaufte dort all die Spezialmaschinen, die wir brauchen würden. Bald hatte ich eine Anstellung als Vorarbeiter in seiner Fabrik. In meiner Abteilung arbeiteten fünfundzwanzig Arbeiter.

Eine Woche nachdem wir unsere ersten Jobs bekommen hatten, machten wir eine Anzahlung für eine schöne Wohnung im Herzen von Brüssel. Wir hatten ein Auto und jede Menge Geld, aber manchmal plagte uns das schlechte Gewissen, weil es das Leben auf einmal so gut mit uns meinte. Die Menschen waren immer noch misstrauisch, wenn sie auf Juden trafen, die allem Anschein nach wohlhabend waren. Die alten antisemitischen Einstellungen waren ja nicht über Nacht verschwunden. Manchmal hörte ich in der Fabrik Bemerkungen wie »gierige Juden« oder Andeutungen, ich würde einem Belgier die Arbeit wegnehmen. Das schmerzte mich, vor allem nachdem ich durch das Handeln der Belgier meine gesamte Familie verloren hatte.

Nein, nicht meine gesamte Familie! Ein paar Monate nachdem ich mich in Brüssel niedergelassen hatte, ließ ich mein Foto in der jüdischen Lokalzeitung abdrucken, und zwar auf der Seite, wo Personen, die den Holocaust überlebt hatten, ihre Familien wissen lassen konnten, dass sie noch am Leben waren. Wenig später fand ich meine Schwester Henni in einer Pension wieder. Sie hatte den Krieg überlebt, nachdem wir durch den Todesmarsch getrennt worden waren, und die letzten Monate in relativer Sicherheit verbracht, da sie auf einem Apfelhof in der Nähe des Konzentrationslagers Ravensbrück untergekommen war. Zwei Wunder! Die beiden Menschen, die mir auf der Welt die liebsten waren, hatten überlebt! Unglaublich. Wir beschlossen, dass Henni bei Kurt und mir wohnen sollte.

Da hatte ich gedacht, ich hätte meine Familie – und die Chance, jemals eine eigene Familie zu haben – verloren. Und jetzt waren zwei meiner Lieblingsmenschen auf dieser Welt am Leben und bei mir! Ich hatte *doch* eine Familie! Dann konnte ich ja jetzt anfangen, mein Leben wiederaufzubauen.

Eines Abends saßen wir in unserer Wohnung und fanden in *Le Soir,* der Abendzeitung, einen Artikel über zwei jüdische Mädchen, die versucht hatten, sich umzubringen, indem sie von einer Brücke sprangen. Sie waren in Auschwitz II-Birkenau gewesen und nach Brüssel gekommen, nur um festzustellen, dass keiner aus ihren Familien mehr am Leben war. Daraufhin hatten sie beschlossen, aus freiem Willen zu gehen. Die Brücke, von der sie springen wollten, war nicht besonders hoch, aber dort fuhr regelmäßig eine Fähre vorbei, und wenn man auf dem Deck dieser Fähre landete, war man sicher tot. Allerdings waren die armen Mädchen danebengesprungen und ins Wasser gefallen. Wenig später wurden sie verhaftet und in eine psychiatrische Klinik gebracht. Wir fanden, wir müssten irgendetwas tun, um den beiden zu helfen.

Kurt und ich gingen zu der Klinik und baten darum, die Mädchen sehen zu dürfen. Man brachte uns auf eine Station, wo sie untergebracht waren, zusammen mit einer dritten jungen Jüdin, die ebenfalls versucht hatte, sich das Leben zu nehmen. Es war herzzerreißend – die Klinik war einfach kein guter Ort für diese Frauen. Die Verhältnisse waren schrecklich.

Ich ging zur Verwaltung und erklärte, ich würde gern die Verantwortung für die drei übernehmen. »Ich habe eine schöne Wohnung und jede Menge Geld, ich kann mich um sie kümmern. Bitte, sperren Sie sie nicht ein. Es ist furchtbar in dieser Klinik. Selbst wenn man als vollkommen gesunder Mensch hier reinkommt, ist man nach drei Monaten verrückt.«

Es gelang mir, ihn zu überzeugen, und so zogen die drei Mädchen bei uns ein. Als ich die Wohnungstür aufschloss, sagte ich zu ihnen: »Also, wir sind zwar zwei Männer, aber wir machen euch keine Probleme, von jetzt an seid ihr meine Schwestern.« Und so lebten wir zusammen, während sie sich von den Strapazen in den Lagern und in der Klinik erholten.

Regelmäßig fuhr ich mit ihnen ins Krankenhaus, wo sie mit Schwefelbädern behandelt wurden, weil ihre Haut in einem so fürchterlichen Zustand war. Wir alle brauchten diese Bäder, auch meine Schwester, die ansonsten gesünder war als Kurt und ich. Doch es dauerte nicht lange, dann fühlten sie sich viel besser. Sie waren nicht verrückt, waren es nie gewesen. Sie hatten einfach nur die Hölle erlebt. Und jetzt brauchten sie ein bisschen Freundlichkeit. Das konnten Menschen, die die Lager nicht erlebt hatten, nur schwer verstehen. Kurt und ich konnten Gott, indem wir diesen Frauen ein Zuhause und einen Platz zum Gesundwerden anboten, einen kleinen Dank abstatten, dafür, dass er uns am Leben erhalten hatte. Es dauerte nicht lange, dann hatten sie sich erholt und gingen hinaus in die Welt, um Arbeit und nette Ehemänner zu finden. Wir sind auch danach immer in Briefkontakt geblieben.

Diese Mädchen zu treffen und ihnen zu helfen, erschloss mir die Lebensmaxime meines Vaters voll und ganz: dass es die Pflicht der Glücklichen sei, den Leidenden zu helfen. Und dass Geben besser ist als Nehmen. Es gibt immer wieder Wunder auf dieser Welt, auch wenn alle Hoffnung schwindet. Und wenn es gerade keine Wunder gibt, können wir sie bewirken. Mit etwas Freundlichkeit kannst du einen anderen Menschen aus der Verzweiflung herausholen – und ihm vielleicht das Leben retten.

Und das ist das größte Wunder von allen.

12

Liebe ist die beste Medizin.

Ich fühlte mich in Europa nicht so richtig zu Hause. Es fiel mir schwer, zu vergessen, dass wir von Menschen umgeben waren, die nichts getan hatten, um die Verfolgung und Deportation meines Volkes, den Mord an all diesen Menschen zu verhindern. Insgesamt wurden mehr als fünfundzwanzigtausend Juden aus Belgien deportiert. Nicht einmal dreizehnhundert überlebten.

In Brüssel hatte ich manchmal das Gefühl, von Kollaborateuren umzingelt zu sein. Die Menschen, die meine Eltern denunziert hatten – ich werde nie herausfinden, wer das war –, saßen vielleicht am Nachbartisch im Café und tranken ihren Kaffee. Menschen hatten Juden aus Hass, Antisemitismus, Angst oder einfach nur Gier denunziert. Viele Familien waren ermordet worden, weil die Nachbarn scharf auf ihren Besitz waren und ihre Wohnungen nach der Deportation plündern wollten.

Eines Tages gingen Kurt und ich auf dem schönen Marktplatz von Brüssel spazieren, als ich etwas sah, was ich zuerst nicht glauben konnte. Ich drehte mich zu Kurt um und zeigte auf einen Mann, der in einem schicken Anzug über den Platz ging. Einem Anzug, den ich nur allzu gut kannte.

»Siehst du den Mann da?«, fragte ich Kurt. »Ich garantiere dir, das ist mein Anzug, den er da trägt.«

»Das ist nicht dein Ernst.«

»Doch, und wie«, erwiderte ich. »Ich werde ihm jetzt nachgehen.« Das letzte Mal, als ich diesen Anzug gesehen hatte, hing er noch im Kleiderschrank in der Wohnung meiner Eltern.

Wir folgten dem Mann zu einem Café. Dort ging ich auf ihn zu und sprach ihn an. Ich sagte ihm, das sei mein Anzug und ich wolle wissen, woher er ihn habe. Er sagte, ich sei verrückt, der Anzug sei für ihn maßgeschneidert worden. Doch ich wusste, dass er log, denn dies war ein ganz besonderer Anzug, den ich mir in Leipzig hatte machen lassen, mit Manschetten an den Hosenbeinen, die man zum Fahrradfahren benutzen konnte.

Ich holte einen Polizisten. »Sehen Sie den Mann da?«, sagte ich zu ihm. »Er hat meinen Anzug gestohlen.«

»Na gut«, erwiderte der Polizist, »dann gehen wir hin und bitten ihn, das Jackett auszuziehen.«

Zunächst weigerte sich der Mann, doch dann gab er nach. Als er das Jackett auszog, konnte man das Etikett des hervorragenden Maßschneiders sehen, bei dem ich den Anzug vor dem Krieg in Auftrag gegeben hatte. Der Mann konnte das deutsche Etikett nicht mal lesen und willigte peinlich berührt ein, mir den Anzug zurückzugeben.

Er war ein harmloser Bursche, einfach nur ein Dieb, aber es gab echte Kollaborateure mit jüdischem Blut an den Händen, die immer noch frei herumliefen. Eines Tages lief ich auf einem Spaziergang dem Kapo aus meiner Baracke in die Arme, einem jüdischen Kriminellen, der dafür verantwortlich war, die anderen Juden kleinzuhalten. Ich konnte erst gar nicht glauben, dass er noch lebte und in Freiheit war. Also ging ich zur Polizei und verlangte, dass man ihn zur Rechenschaft ziehe. Doch die Polizisten gaben mir den Rat, mir die Sache aus dem Kopf zu schlagen. Er hatte eine gute Partie gemacht und die Tochter eines mächtigen belgischen Politikers geheiratet. Da wollten sich die Polizisten nicht einmischen.

Kurt und ich erwogen, uns auf eigene Faust an dem Mann zu rächen, doch nachdem er uns gesehen hatte, war er vorsichtig. Er ging nur noch in Begleitung aus, als hätte er Leibwächter bei sich, und wo er auch ging, waren seine zwei Deutschen Schäferhunde bei ihm. Wie so viele andere Verbrecher und Mörder wollte auch er auf keinen Fall vor Gericht gestellt werden.

Belgien schien sich im Übrigen auch nicht sicher zu sein, was meine Person anging. Als Flüchtling galt meine Aufenthaltserlaubnis in Brüssel immer nur sechs Monate, dann musste ich einen neuen Antrag stellen. Und das, obwohl ich eine leitende Position in einer Fabrik einnahm und einen Arbeitsvertrag über zwei Jahre unterzeichnet hatte!

Ich zog Erkundigungen nach der Frau ein, deren Foto mir der junge Mann im Todeszug nach Buchenwald gegeben hatte. Tatsächlich fand ich sie und konnte ihr mitteilen, dass ihr Mann noch in der Minute seines Todes an sie gedacht hatte. Sie war sehr gerührt und bat mich, mit ihrer Familie zu Abend zu essen. Ich kam in einem schicken Anzug mit Blumen und Kuchen, aber die Familie war sehr reserviert, sodass ich mich ausgesprochen unwohl fühlte.

»Oh«, sagte der Vater und verzog das Gesicht. »Sind Sie Jude?« Ich ging wieder, ohne etwas gegessen zu haben, und sagte der Frau, wir könnten keine Freunde sein. Wenn sie sich mit mir anfreundete, würde sie ihre Familie verlieren.

So und auf manch andere Weise mussten wir Überlebenden darum kämpfen, einen Platz in der belgischen Gesellschaft zu finden. Der Antisemitismus war nach wie vor weit verbreitet, und wir hatten ständig das Gefühl, niemandem trauen zu können. Wir hatten Schrecken gesehen, die kein Außenstehender jemals verstehen würde. Selbst diejenigen, die es gut meinten und mit uns fühlten, würden es nie ganz begreifen. Der einzige Mensch, der wirklich verstand, was ich durchgemacht hatte, war Kurt, aber wir konnten ja nicht unser ganzes Leben zusammen verbringen. Irgendwann verliebte er sich in eine reizende Frau namens Charlotte, die er im Februar 1946 heiratete.

Und dann, gerade als ich dachte, ich würde nie irgendwo dazugehören und nie einen Menschen finden, der zu mir gehörte, traf ich eine wunderschöne Frau namens Flore Molho. Sie war in einer sephardischen jüdischen Familie in Griechenland geboren, aber in Belgien aufgewachsen. Als ich sie kennenlernte, arbeitete sie in der Verwaltung des Brüsseler Stadtteils Molenbeek, und zwar in der Stelle, wo man die Lebensmittelmarken abholte.

Eines Tages kam ich dorthin, um meine Karte mit der eingetragenen Doppelration vorzuzeigen und meine

Marken abzuholen. Daraufhin ging jemand Flore holen und sagte ihr, da sei ein Mann mit Tätowierung. Sie hatte von den Konzentrationslagern gehört und wollte mit jedem sprechen, der überlebt hatte. Deshalb kam sie auch zu mir. Für mich war es Liebe auf den ersten Blick. Ich sagte ihr, ich würde ihr alles geben und mit ihr weggehen, um ein neues Leben anzufangen, aber sie lachte nur und ging zurück in ihr Büro. Den Kolleginnen erzählte sie, einer der befreiten Häftlinge hätte ihr angeboten, mit ihr ins Ausland zu gehen. Das fanden sie alle sehr lustig.

Sie hatte während des Krieges sehr viel Glück gehabt, denn sie hatte in einem Versteck überlebt. Als die Deutschen im Mai 1940 in Belgien einmarschiert waren, hatte sie in der Stadtverwaltung gearbeitet, und niemand erfuhr, dass sie Jüdin war. Das Leben wurde schwieriger, die Versorgung wurde knapp und es gab viele Verbote. Zum Beispiel durfte man keine amerikanische Musik mehr spielen, und es gab eine nächtliche Ausgangssperre. Doch irgendwie konnte sie relativ normal weiterleben. Sie ging immer noch zur Arbeit und wohnte bis 1942 bei ihren Eltern. Dann kam der Befehl, sich im örtlichen Gestapo-Hauptquartier zu melden. Ein Kollege, der ihre Stelle für seine Frau haben wollte, hatte sie denunziert. Man sagte ihr, sie könne nicht mehr in der Stadtverwaltung arbeiten. Und dann befahl man ihr, ein paar Sachen zu holen – eine Gabel, ein Messer und eine Decke – und sich am 4. August 1942 in der früheren Kaserne von Mecheln zu melden. Von dort aus würde sie deportiert werden.

In den Tagen bis zu ihrer geplanten Deportation erfuhr ihr Vorgesetzter von ihrem Schicksal und arrangierte durch seine Kontakte zum belgischen Widerstand, dass man sie nach Frankreich brachte und mit falschen Papieren versorgte. Von da an lebte sie unter dem Namen Christiane Delacroix – Christiane vom Kreuz, der am christlichsten klingende Name, der ihr in den Sinn kam. Die nächsten zwei Jahre lebte sie in Paris, wo sie – abgesehen von ihrem Bruder Albert und ihrer Schwägerin Madeleine, mit denen sie zusammenwohnte – jeder nur als Christiane Delacroix kannte.

Als Paris im August 1944 befreit wurde, stand sie mitten in der Menge auf den Champs-Élysées, die General Charles de Gaulle bei seiner Siegesparade zujubelte. Wenige Wochen später kehrte sie nach Brüssel zurück.

Sie verliebte sich nicht sofort in mich. Offen gestanden, war sie zuerst vor Mitleid überwältigt, nicht vor Liebe. Das kann ich ihr auch gar nicht verdenken, denn aus den Lagern hatte ich viele Narben mitgebracht. Der Schlag mit dem Gewehrkolben bescherte mir noch viele Jahre lang Kopfschmerzen und durch die Mangelernährung hatte ich überall am Körper fürchterliche Furunkel. Zweimal pro Woche mussten Kurt und ich zum Spezialisten, wo wir Schwefelbäder bekamen, damit die schmerzhaften, stinkenden Furunkel endlich weggingen. Manchmal blühten sie zu Dutzenden gleichzeitig auf.

Bei einer unserer ersten Verabredungen gingen Flore und ich ins Kino, aber ich hatte eine schreckliche Eiterbeule am Hintern und konnte kaum still sitzen, so weh tat es. Also wackelte ich ständig hin und her.

»Was ist denn los mit dir? Warum sitzt du nicht still?«, fragte sie flüsternd. Wie sollte ich ihr das erklären? Als ich nach Hause kam, bat ich Kurt, die Eiterbeule aufzuschneiden, damit sie endlich Ruhe gäbe.

Aber Flore und ich trafen uns wieder, und allmählich verliebten wir uns immer mehr ineinander. Mit der Liebe ist es wie mit allen guten Dingen im Leben: Sie braucht Zeit, Mühe und Mitgefühl. Am 20. April 1946 heirateten wir auf dem Standesamt. Mein Chef Herr Antcherl, der immer so nett zu mir gewesen war, bot uns an, Flore durch den Mittelgang zu führen, und Flores Chef, der sie vor dem Lager gerettet hatte, hielt die Trauung. Flores Mutter Fortunée weinte vor Glück. Sie war eine wunderbare Frau, die mich mit offenen Armen in ihrer Familie aufnahm und mir sofort das Gefühl gab, ich wäre ihr Sohn. So bekam ich eine Ehefrau und eine Mutter.

Flore und ich waren sehr verschieden, aber das fand ich ja gerade so bezaubernd an ihr. Ich war sehr vernunftgesteuert und methodisch und arbeitete gern mit Maschinen und Zahlen. Sie lernte gern Menschen kennen, hörte Musik, konnte sehr gut kochen und ging ins Theater. Wenn wir zusammen hingingen, kannte sie die Stücke immer schon auswendig und konnte sie mitsprechen. Aber gerade weil wir so unterschiedlich waren, gaben wir ein gutes Paar ab. Warum soll man sich denn in sein Spiegelbild verlieben? Eine starke Partnerschaft können wir nur mit einem Mann oder einer Frau gründen, der oder die anders ist als wir selbst, uns herausfordert und dazu anhält, ein besserer Mensch zu werden.

Zu Anfang unserer Ehe war ich ganz schön schwierig. Ich wollte nicht tanzen gehen, nicht ins Kino, überhaupt nirgendwohin, wo viele Leute waren. Ich hatte so lange um mein Leben fürchten müssen, dass ich immer noch ständig ans Überleben dachte. Ich war darauf programmiert, nach Gefahren Ausschau zu halten. Meine Frau kannte das alles nicht. Wer nicht im Lager gewesen ist, weiß nicht, wie grausam Menschen sein können und wie leicht man sein Leben verlieren kann.

Außerdem trug ich nach wie vor schwer an meinem Schmerz. Ein alter Freund der Familie in Leipzig hatte unser seit langer Zeit verlassenes Haus besucht und schickte mir eine Schachtel mit persönlichen Gegenständen. Als sie ankam, öffnete ich sie mit zitternden Fingern und fand darin eine Mappe mit Fotos und Dokumenten. Meine Geburtsurkunde, verschiedene Ausweise, der Nachweis einer Versicherung, in die mein Vater für mich eingezahlt hatte, mein Arbeitsbuch aus der Zeit meiner Ausbildung unter dem Namen Walter Schleif. Und viele Fotos meiner Lieben, die ich nie wiedersehen würde.

Es war ein sehr bewegender Moment, und ich weinte lange. Meine Schwester wollte die Sachen gar nicht ansehen, sie war viel zu aufgeregt. Man kann vergessen, wie viel Schmerz man mit sich herumträgt, im Unterbewusstsein. Aber wenn man mit den Beweisen konfrontiert wird, ist es vorbei. Als ich die Fotos meiner verstorbenen Mutter in den Händen hielt, traf mich der Gedanke, dass fast alle meine Lieben fort waren und nie mehr zurückkommen würden, mit voller Wucht. Hier stand der Beweis vor mir: eine Schachtel voller Erinnerungen. Voller Gespenster.

Es war ein Schock. Nach dem ersten Durchsehen stellte ich die Schachtel weg und brachte es lange nicht übers Herz, noch einmal hineinzusehen.

Ich war kein glücklicher Mensch.

Wenn ich ehrlich bin, wusste ich nicht mal, warum ich noch am Leben war oder ob ich weiterleben wollte. Im Rückblick tut mir vor allem meine Frau leid. Die ersten Jahre mit mir waren eine echte Herausforderung. Ich war ein Schatten meiner selbst, während sie eine sehr lebhafte Frau war, die vollkommen in der belgischen Gesellschaft aufging und zahlreiche Freunde aus den verschiedensten Bereichen hatte. Ich war einfach nur still und verschlossen, ein Häufchen Elend.

Das änderte sich in dem Moment, als ich Vater wurde.

Ein Jahr nach unserer Hochzeit wurde Flore schwanger. Um genug Geld zu verdienen, damit ich eine Familie ernähren konnte, nahm ich eine Stelle in einer Firma an, die die Operationssäle ganz Europas mit medizinischen Geräten ausstattete. Dazu gehörte, in fremde Städte zu reisen, die sehr speziellen und komplizierten Apparate in den Kliniken zu installieren und dann die dortigen Mitarbeiter im Umgang und in der Wartung auszubilden. So ein Job dauerte in der Regel drei bis vier Tage. Mitten in einem solchen Auftrag erfuhr ich, dass bei meiner Frau die Wehen eingesetzt hatten. Mein Chef charterte sofort ein kleines Flugzeug, damit ich nach Brüssel zurückfliegen konnte – ein winziges Ding, nicht mal mit geschlossenem Cockpit, nur der Pilot und ich unter freiem Himmel. Immerhin hatten wir eine Mütze und eine Schutzbrille. Prompt gerieten wir in einen Sturm. Ich dachte, ich würde mein Frau nie wiedersehen und auch das Baby niemals kennenlernen. Doch ich kam heil in Brüssel an, und eine halbe Stunde später war auch das Baby da.

Als ich meinen ältesten Sohn Michael zum ersten Mal in den Armen hielt, kam mir das alles vor wie ein Wunder. In diesem Moment war mein Herz geheilt und mein Glück kehrte in seiner ganzen Fülle zurück. Von diesem Tag an begriff ich, dass ich der glücklichste Mensch der Welt war. Und ich versprach mir, dass ich bis zu meinem Lebensende ein fröhlicher, höflicher, hilfsbereiter und netter Mann sein würde. Ich würde lächeln.

Tatsächlich wurde ich an diesem Tag ein besserer Mensch. Meine schöne Frau und mein Kind waren die beste Medizin, die ich hatte bekommen können.

Unser Leben in Brüssel war nicht perfekt, aber wir lebten! Man muss versuchen, mit dem glücklich zu sein, was man hat. Das Leben ist wunderbar, wenn du glücklich bist. Schau nicht auf die andere Seite des Zauns. Du kannst nicht glücklich sein, wenn du auf deinen Nachbarn starrst und vor Neid ganz krank wirst.

Wir waren nicht reich, aber wir hatten genug zum Leben. Und ich kann dir sagen, einfach schon das Gefühl, jeden Tag Essen auf dem Tisch zu haben, nachdem man jahrelang im Schnee gehungert hat, war wunderbar. Nach unserer Hochzeit fanden wir eine schöne Wohnung mit Blick auf Schloss Belvédère. Sie war klein, aber die Aussicht war eine einzige Freude. Man braucht kein eigenes Schloss, wenn man so einen Blick hat. Und ich würde gar nicht in einem Schloss wohnen wollen, selbst wenn ich könnte. Wer soll das alles denn putzen!

Andere Leute um uns herum hatten mehr Geld, fuhren einen Mercedes oder trugen eine Uhr mit Diamanten am Handgelenk. Ja, und? Wir brauchten kein Auto, wir hatten ein Tandem, auf dem wir zusammen fahren konnten. Natürlich fand ich bald eine Möglichkeit, es noch ein bisschen zu verbessern, und baute zwei kleine Motoren ein, damit uns das Radeln leichter fiel. Wenn wir auf ebener Strecke fuhren, schaltete ich einen Motor ein, sobald es bergauf ging, kam der zweite dazu. Uns reichte das vollkommen.

Was für ein Wunder, am Leben zu sein und meine beiden wunderschönen Liebsten, meine Frau und das Baby, im Arm zu halten. Hätte man mir so viel Glück vorausgesagt, als ich im Konzentrationslager hungerte und gequält wurde, ich hätte es sicher nicht geglaubt. Mit der Zeit wurde meine Frau viel mehr als eine Ehefrau – sie war meine beste Freundin. Die Liebe hat mich gerettet. Meine Familie hat mich gerettet.

Und das habe ich daraus gelernt: Glück fällt nicht vom Himmel, wir haben es immer selbst in der Hand. Glück kommt aus deinem Inneren und von den Menschen, die du liebst. Und wenn du gesund und glücklich bist, dann bist du Millionär.

Glück ist das Einzige auf der Welt, was sich verdoppelt, wenn wir es teilen. Meine Frau verdoppelt mein

Glück. Meine Freundschaft mit Kurt hat mein Glück verdoppelt. Und wie sieht es bei dir aus, meine neue Freundin, mein neuer Freund? Ich hoffe, auch dein Glück verdoppelt sich.

Jedes Jahr feiern Flore und ich unseren Hochzeitstag am 20. April – Hitlers Geburtstag. Manchmal, wenn wir abends mit einer Tasse Tee und Keksen vor dem Fernseher sitzen, denke ich, was haben wir für ein Glück gehabt! Für mich ist das die beste Rache, die ich mir denken kann, die einzige Rache, die mich interessiert: dass ich der glücklichste Mensch der Welt bin.

13

Wir sind alle Teil einer größeren Gesellschaft, und was wir tun, ist unser Beitrag für ein Leben in Freiheit und Sicherheit für alle.

Wir konnten nicht in Belgien bleiben, denn ich hatte ja immer noch diesen Flüchtlingsstatus und musste alle sechs Monate einen neuen Antrag stellen. Wir waren sehr glücklich dort, aber man kann sich kein Leben aufbauen, wenn man immer nur für ein halbes Jahr planen kann. Kurt war mit seiner Frau nach Israel gezogen, meine Schwester ging nach Australien, heiratete dort und gründete eine Familie.

Ich stellte zwei Einwanderungsanträge, einen in Australien und einen in Frankreich. Im März 1950 bekamen wir die Genehmigung, in Australien zu leben und zu arbeiten.

Einen Monat dauerte die Reise, erst von Brüssel nach Paris, dann nach Genua und von dort mit dem Dampfer *MS Surriento* nach Sydney. Dort kamen wir am 13. Juli an. Die Reise kostete tausend Pfund für die ganze Familie, die vom American Jewish Joint Distribution Committee vorgestreckt wurden, einer jüdischen Hilfsorganisation, die man auch unter dem Kurznamen »Joint« kennt. Ich hatte mich bereit erklärt, den Betrag zurückzuzahlen, und tat das auch, sobald es mir möglich war – zur großen Überraschung der Verantwortlichen dort, die mir sagten, es gäbe nicht viele, die das Geld zurückzahlten. Aber mir war das wichtig. Mit diesem

Geld konnten sie wieder jemandem helfen, so wie sie mir geholfen hatten.

Wir kamen an einem Donnerstag in Sydney an, wo ich mich sofort im Büro der Firma Elliott Brothers in der O'Connell Street meldete. Dort sollte ich als Feinmechaniker für medizinische Geräte arbeiten. Da wir nicht wussten, wohin wir gehen sollten, nahm ich meine Frau und mein Kind mit dorthin.

Lachend sagte der Chef: »Ich brauche nur einen Feinmechaniker, nicht drei.« Dann zog er die Blaupausen einer sehr komplizierten Maschine aus der Schublade, wie man sie vor dem Krieg in Europa gebaut hatte.

»Ach ja«, sagte ich. »Das ist leicht.« Und am folgenden Montag fing ich an zu arbeiten.

Der Winter in Sydney war einer der nassesten seit Menschengedenken. Von dem Moment an, als wir das Schiff verließen, regnete es drei Monate lang ununterbrochen. Ich glaube, selbst in Auschwitz habe ich öfter die Sonne gesehen. Meine Frau und ich waren ziemlich niedergeschlagen. Wir hatten Fotos von Sydney gesehen, mit schönen Stränden und Palmen und so weiter. Und jetzt war es die ganze Zeit elend kalt und nass. Wochenlang. Unsere Sachen waren alle feucht. Wenn ich von der Arbeit kam, hängte ich mein Hemd zum Trocknen hin, aber die Feuchtigkeit wurde eher noch schlimmer. Wir fragten uns wirklich, ob wir nicht einen Fehler begangen hatten, hierherzukommen.

Doch dann kam die Sonne zurück, und es war zauberhaft!

Wir hatten ein Zimmer in einem schönen Haus im Vorort Coogee, das wir uns mit einer polnischen Familie teilten. Die Skorupas waren Verwandte meines Vaters. Wir hatten uns nie vorher gesehen, die Skorupas waren nie in Deutschland gewesen, aber sie waren ungemein freundlich und großzügig. Harry und Bella Skorupa waren bescheidene Leute mit drei Kindern – Lily, Ann und Jack. Und sie hatten sich bereit erklärt, für uns zu bürgen und uns in ihrem kleinen Haus in Coogee unterzubringen und zu verpflegen. Sie opferten sogar ihre Betten für uns. Wir blieben einige Monate bei ihnen.

Harry Skorupa war Schneider, und wir wurden sehr gute Freunde, vor allem, nachdem er einen bösen Unfall gehabt hatte. Er schlief auf einer Wärmflasche, und seine Kinder versuchten, sie unter ihm wegzuziehen. Sie stritten sich um die Wärmflasche, jedes zog an einer Ecke, und plötzlich platzte das Ding. Den Kindern passierte zum Glück nichts, aber Harry trug eine schlimme Verbrühung davon, was deshalb besonders übel war, weil er zuckerkrank war.

Ich fuhr ihn zum Krankenhaus. Seine Haut sah schrecklich aus, lauter Brandblasen. Da er sich zur Genesung regelmäßig in Behandlung begeben musste, fuhr ich ihn jeden Morgen noch im Schlafanzug zum Krankenhaus, und wenn wir zurückkamen legte ich mich noch mal eine Stunde hin, bevor ich zur Arbeit fuhr. Auf diesen langen Fahrten wurde die Verbindung zwischen uns immer stärker und bald schon standen wir uns wirklich nah.

Australien meinte es gut mit uns. Nicht lange nach unserer Ankunft saß ich mit ein paar Arbeitskollegen in einem Hotel in Botany, als ein Mann namens Walter Rook auf mich zukam und meinte, ich sähe so aus, als wäre ich noch neu im Land. Und er fragte mich, ob ich auf der Suche nach einem Haus wäre. Er hatte ein Grundstück in Brighton-Le-Sands gekauft, ganz in der Nähe des Strandes, auf dem er zwei identische Häuser baute. Und ob ich eins davon kaufen wolle. Ich erwiderte, ich hätte noch nicht genug Geld, aber er meinte, das sei kein Problem. Er würde mir helfen, einen Kredit zu bekommen und mich in Australien fest niederzulassen.

So zogen wir im November 1950 in unser neues Haus ein und haben es nie bereut. Elf Monate nach unserem Einzug kam Flores Mutter, die ich sehr liebte, von Belgien nach Australien, um bei uns zu leben. Wir bauten ein Zimmer an, damit sie genug Platz hatte. Auch ihr ging es in Australien sehr gut, sie eröffnete eine Werkstatt als Damenschneiderin und hatte bald einige äußerst glamouröse Kundinnen. Aus ganz Sydney kamen die Damen zu ihr, weil es so wenige europäische Schneiderinnen gab.

In diesen Jahren wurde auch unser zweites wundervolles Kind geboren, Andre. Ich hatte ja gedacht, ich würde nie mehr so glücklich sein wie an dem Tag, als ich meinen ältesten Sohn zum ersten Mal im Arm hielt, aber Andre bewies mir, dass ich mich geirrt hatte. Ihn im Arm zu halten, zuzusehen, wie sein Bruder ihm zum ersten Mal begegnete, war so überwältigend, dass ich dachte, mein Herz könne so viel Glück auf einmal gar nicht verkraften. All das Leid, das ich erlebt hatte, schien nur noch ein ferner böser Traum zu sein. Was für ein wunderbares Erlebnis, was für eine vollkommene Freude, meine Familie wachsen zu sehen.

Im Jahr 1956 kam ich am Coogee Hotel vorbei, wo gerade umgebaut wurde. Sie hatten die Bar und die Holzvertäfelungen herausgerissen. Ich kaufte sie für fast nichts und baute sie bei mir zu Hause ein, sodass wir von nun an einen wunderbaren Pub im Haus hatten, und aus dem Tresen fertigte ich Schreibtische für meine Söhne.

Australien war für mich das Paradies des arbeitenden Mannes. So viele Möglichkeiten! Ich beschloss, dass ich etwas tun müsste, was in der australischen Gesellschaft einen hohen Wert hatte. Und bald wurde mir klar, was die Australier am allermeisten liebten: Autos. Damit hatte ich zwar nur wenig Erfahrung, doch ich wusste, ich konnte mit meinen Fähigkeiten als Ingenieur etwas anfangen, und so bekam ich eine Stelle in einer Firma, die sich darauf spezialisiert hatte, Autos der Marke Holden zu reparieren. Da ich mich mit Maschinen gut auskannte, lernte ich schnell, wie man Autos repariert und wartet. Ab und zu, wenn mir etwas begegnete, was ich nicht gleich verstand, nahm ich das Handbuch mit zur Toilette und lernte heimlich, was zu tun war.

Mitte der Fünfzigerjahre hatte ich genug Erfahrungen gesammelt, dass ich mich selbstständig machen konnte. Und so kauften wir eine Tankstelle mit Werkstatt in der Botany Road in Mascot, hängten ein Schild mit der Aufschrift »Eddie's Service Station« über die Tür und arbeiteten dort zusammen. Ich reparierte die Autos, Flore übernahm das Betanken, pumpte Reifen auf, kümmerte sich um die Angestellten, verkaufte Ersatzteile und führte die Bücher. Innerhalb weniger Jahre bauten wir unser Unternehmen auf und konnten eine ganze Mannschaft von Profis anstellen, die sich um die Reparaturen, das Ausbeulen und die Elektrik kümmerten. Bald fingen wir sogar an, neue Autos von Renault zu verkaufen.

Doch man kann nicht ewig mit den Händen arbeiten. 1966 verkauften wir die Werkstatt, und ich gönnte mir einen siebenmonatigen Urlaub in Europa und Israel, wo ich Freunde und Verwandte besuchte. Danach suchte ich mir eine Stelle als Immobilienmakler in einer Firma in Bondi Beach, machte nebenbei die Ausbildung zum Makler und eröffnete einige Zeit später mein eigenes Büro: *E. Jaku Real Estate.*

Dort arbeiteten Flore und ich, bis wir über neunzig waren und beschlossen, es sei jetzt Zeit, in den Ruhestand zu gehen. Jahrzehntelang waren wir beide jeden Tag ins Büro gegangen und hatten zusammen gearbeitet. Wir waren ein großartiges Team, im Geschäft ebenso wie im richtigen Leben. Wir hatten die Freude, vielen Menschen das erste Haus zu vermitteln. Noch heute treffen meine Kinder gelegentlich jemanden, der sich an uns erinnert, weil wir vor Jahrzehnten geschäftlich miteinander zu tun hatten. Dann heißt es immer, wir seien die einzigen ehrlichen Makler gewesen, denen sie je begegnet seien.

Wir erinnerten uns an unsere eigene Situation als Flüchtlinge und wie wichtig uns die Freundlichkeit und

Hilfsbereitschaft der Skorupas in unserer Anfangszeit gewesen waren. Bis heute stehen wir in engem Kontakt mit Lily Skorupa, der Tochter von Harry und Bella. Aus diesen Erfahrungen heraus war es uns ein Anliegen, jungen Familien ein wenig Starthilfe zu geben.

Ich habe schon früh gelernt, dass wir alle Teil einer größeren Gesellschaft sind. Was wir tun, sollte zu einem Leben in Freiheit und Sicherheit für alle beitragen. Wenn ich in ein Krankenhaus kam und die Geräte sah, die ich gebaut hatte, wenn ich daran dachte, dass sie jeden Tag benutzt wurden, um das Leben von Menschen besser zu machen, dann war ich glücklich. Und so ist es in jedem Beruf. Wenn du Lehrer bist, bereicherst du jeden Tag das Leben junger Menschen. Wenn du Koch bist, bringt jede Mahlzeit, die du zubereitest, Freude in die Welt. Vielleicht liebst du deinen Job nicht besonders, oder du hast mit schwierigen Menschen zu tun. Trotzdem tust du etwas Wichtiges, denn du trägst ein Stückchen zu der Welt bei, in der wir leben.

Das dürfen wir nie vergessen. Deine heutigen Anstrengungen wirken sich auf Menschen aus, die du wahrscheinlich nie kennenlernen wirst. Du hast die Wahl, ob es sich um positive oder negative Auswirkungen handelt. Du kannst jeden Tag wählen, jede Minute, so zu handeln, dass ein fremder Mensch positiv oder negativ betroffen ist. Es ist eine ganz einfache Entscheidung. Und du kannst sie jederzeit treffen.

14

Geteiltes Leid ist
halbes Leid.
Geteilte Freude ist
doppelte Freude.

Wir hatten ein herrliches Leben in Australien. Nach meinen Erfahrungen während des Krieges fühlte ich mich wirklich wie im Himmel. Meine Kinder wuchsen auf und bekamen selbst Kinder. Ich war sehr glücklich – und doch blieb tief in meinem Inneren eine Traurigkeit. Mein Vater war zweiundfünfzig Jahre alt gewesen, als er starb. Meine Kinder sind heute älter, als er wurde. Warum? Warum all dieses Leiden?

So viele haben gelitten und sind gestorben – warum? Weil ein Wahnsinniger es so bestimmt hat. Ohne Grund. Sechs Millionen Juden wurden ermordet, dazu unzählige andere Menschen, die die Nazis umgebracht haben. Künstler, Architekten, Ärzte waren unter ihnen, Anwälte und Naturwissenschaftler. Ich bin sehr traurig, wenn ich darüber nachdenke, was alle diese gebildeten Menschen hätten leisten können, wenn sie die Chance gehabt hätten, am Leben zu bleiben. Vielleicht wäre der Krebs längst besiegt. Doch für die Nazis waren sie keine Menschen. Die Nazis haben nie begriffen, was sie der Welt antaten, indem sie uns umbrachten.

Jahrzehntelang habe ich nicht über meine Erfahrungen im Holocaust gesprochen. Ich wollte nicht darüber sprechen, weil es wehtat, und wenn etwas wehtut, dann will man davon weg und stellt sich seinen Gefühlen nicht. Wenn du deine Mutter und deinen Vater, deine Tanten, Cousins und Cousinen verlierst, wenn du fast alle Menschen verlierst, die du geliebt hast, wie kannst du dann darüber sprechen? Es war einfach viel zu schmerzhaft, als dass ich auch nur darüber nachdenken wollte. Über all das, was ich durchgemacht hatte, über all das, was wir verloren hatten. Und vielleicht wollte ich auch meine Kinder davor schützen – es hätte ihnen ja nur wehgetan, wenn sie die Wahrheit erfahren hätten. Also hielt ich den Mund.

Doch nach vielen Jahren fing ich an, mir eine Frage zu stellen: Warum bin ich noch am Leben, im Gegensatz zu all den anderen, die auf so schreckliche Weise ihr Leben verloren haben? Zuerst dachte ich, Gott oder eine andere höhere Macht hätte einfach die falschen Leute ausgesucht und ich hätte auch sterben sollen. Dann kam mir der Gedanke, vielleicht sei ich noch am Leben, weil ich eine Verantwortung trug, weil ich darüber sprechen sollte. Vielleicht war es ja meine Pflicht, der Welt zu sagen, welche Gefahren der Hass in sich birgt.

Meine Frau interessiert sich sehr für Dichtung. Ich habe immer gedacht, sie hätte lieber einen Dichter heiraten sollen und ich hätte ein unverschämtes Glück gehabt, dass sie mich genommen hat. Worte waren nie meine große Stärke. Von Maschinen verstehe ich eine ganze Menge, von Mathematik, Naturwissenschaft und Dingen, die man mit den Händen macht. Doch der Drang, meine Geschichte zu erzählen, wurde immer stärker.

Mein erster öffentlicher Auftritt fand in einer katholischen Kirche statt. Gute Freunde von uns in Brighton-

Le-Sands waren fromme Katholiken und luden mich ein, bei einer Veranstaltung ihrer Gemeinde meine Geschichte zu erzählen. Das fiel mir schwer, half mir aber dabei, ein wenig aus meiner selbst gewählten Isolation herauszukommen.

1972 trafen wir uns mit einer Gruppe von zwanzig Überlebenden und beschlossen, öffentlich über das zu reden, was uns widerfahren war. Die Welt sollte davon erfahren. Wir gründeten einen Verein und planten, Geld zu sammeln, damit wir einen Ort gründen könnten, wo wir uns treffen und reden könnten. 1982 wurde diese Gruppe unter dem Namen *Australian Association of Jewish Holocaust Survivors* offiziell gemacht. Jahre später, als auch unsere Kinder mitwirkten, änderten wir den Namen in *Australian Association of Jewish Holocaust Survivors and Descendants.* Und wir fingen an, einen Platz zu suchen, an dem wir das Sydney Jewish Museum bauen könnten.

Ein Mitglied unserer Gruppe war mit John Saunders befreundet, einem sehr erfolgreichen Geschäftsmann, der zusammen mit Frank Lowy ein Immobilienunternehmen namens Westfield Group gegründet hatte. Es war zur Blütezeit des Unternehmen, als sie gerade in der Williams Street die Westfield Towers bauten. Mr. Saunders spendete sechs Millionen Dollar, damit wir das Museum in der Maccabean Hall in Darlinghurst einrichten konnten. Das Gebäude wurde 1923 erbaut, um an die jüdischen Soldaten zu erinnern, die im Ersten Weltkrieg gekämpft hatten. Und so wurde das Sydney Jewish Museum geboren.

2007 erweiterten wir das Themenspektrum des Museums. Es beschäftigt sich jetzt nicht mehr nur mit der Geschichte des Holocaust, sondern auch mit jüdischer Kultur und Geschichte in Australien – schließlich waren schon unter den allerersten Siedlern, die mit der sogenannten First Fleet kamen, nicht weniger als sechzehn Juden.

Im Jahr 2011 gründeten wir eine kleinere Gruppe, die ausschließlich den Überlebenden und ihrem Erfahrungsaustausch vorbehalten war. Sie traf sich getrennt vom Gesamtverein, der für alle Juden offen war, die sich mit der Erinnerung an den Holocaust beschäftigten. Diese kleine Gruppe der Überlebenden nannte sich »Focus« und bot Menschen einen geschützten Raum, die die Erfahrung der Konzentrationslager teilten und wussten, wie es sich anfühlt, jeden Tag dem Tod ins Auge zu blicken, den Rauch der verbrannten Leichen zu riechen und mitzuerleben, wie Freunde um sie herum ermordet wurden. Menschen, die sich gefragt hatten, wo sie sich in Sicherheit bringen könnten, und keinen Ort gefunden hatten. Menschen, die betrogen, gequält und durch Hunger beinahe umgebracht worden waren.

Wir gründeten diese Gruppe, weil es sich befreiend anfühlte, endlich von unseren Erlebnissen zu erzählen. Ich kann gar nicht beschreiben, was für ein Gefühl das ist, mit jemandem zusammen zu sein, der auch dort war und dasselbe fühlt wie ich. Mit Menschen, die tief in ihrem Inneren wissen, warum du so reagierst, wie du es tust. Andere Menschen versuchen das vielleicht, und das ist gut und bewundernswert, aber sie werden es letztlich eben doch nicht verstehen, weil sie die Erfahrung nicht selbst gemacht haben. Egal wie viele Bücher sie lesen und wie sehr sie es versuchen, es gibt Dinge, die können nur wir verstehen: die Überlebenden des Holocaust.

Ich hatte in einem freien Land gelebt, das plötzlich zu einem Gefängnis wurde. Diese Erfahrung kann ich nur mit Menschen teilen, die etwas Ähnliches erlitten haben. Es gibt ein Sprichwort, das besagt: Geteiltes Leid ist halbes Leid; geteilte Freude ist doppelte Freude. Und es gibt ein Gedicht, das unsere Gefühle gut in Worte fasst:

Menschen sterben,
Blumen welken,
Eisen und Stahl bricht –
aber unsere Freundschaft nicht.

Es gibt Überlebende, die dir sagen werden, die Welt ist schlecht und alle Menschen tragen Böses in sich. Es gibt Überlebende, die keine Freude am Leben haben. Sie sind nie befreit worden. Ihre zerbrochenen Körper haben die Lager vor fünfundsiebzig Jahren verlassen, aber ihre gebrochenen Herzen sind dort geblieben. Ich kenne Überlebende, die nie das Gefühl der Freiheit spüren durften, das entsteht, wenn man die Last des Leidens ablegt und das Glück auf seine Schultern nimmt. Selbst bei mir hat es viele Jahre gedauert, bis ich begriff, dass ich erst dann frei sein würde, wenn ich die Angst und den Schmerz aus meinem Herzen herausließ.

Ich bitte andere Überlebende nicht, den Deutschen zu vergeben. Das könnte ich selbst nicht. Aber ich habe

Glück gehabt und so viel Liebe und Freundschaft erlebt, dass ich den Zorn loslassen konnte, den ich gegen sie im Herzen trug. Es tut niemandem gut, den Zorn festzuhalten. Zorn führt zu Angst, Angst führt zu Hass, und Hass bringt Tod.

Viele Menschen meiner Generation haben ihre Kinder unter dem Schatten dieses Hasses und dieser Angst großgezogen. Doch es tut Kindern nicht gut, wenn wir ihnen beibringen, in Angst zu leben. Es ist ihr Leben, und sie sollten jede Minute feiern. Wir haben sie in diese Welt gebracht, und jetzt müssen wir sie unterstützen und ihnen helfen. Es ist nicht gut, wenn wir sie mit negativen Gedanken niederdrücken. Diese wichtige Lektion müssen wir Überlebenden lernen. Es kann sein, dass ihr selbst im Herzen nicht frei seid, aber nehmt euren Kindern die Freiheit nicht weg! Ich sage meinen Kindern immer: »Ich habe euch auf die Welt gebracht, weil ich euch lieben wollte. Ihr schuldet mir nichts, ich wünsche mir nur eure Zuneigung und euren Respekt.«

Darauf bin ich stolz. Meine Familie ist meine große Errungenschaft.

Nichts ist so schön wie das Erlebnis, eine Familie wachsen und gedeihen zu sehen und zu erleben, wie glücklich die eigenen Kinder sind, wenn sie selbst Eltern werden. Dabei entsteht eine ganz besondere Bindung. Erst als ich Großvater wurde, begriff ich die wichtigsten Dinge voll und ganz. Ich sah die Freude in den Augen meines Sohnes, als er seinen eigenen Sohn in den Armen hielt und ihn aufwachsen sah – zum Kind, zum Mann. Als dieser Junge eine Ausbildung machte, sich verliebte, sich ein Leben aufbaute. Es war dieselbe Freude, die ich empfunden hatte, als meine eigenen Kinder aufwuchsen.

Ich sage meinen Kindern immer wieder, dass sie mir nichts schuldig sind, aber meinst du, sie gehorchen mir? Nein! Sie sind schrecklich ungehorsam und schenken mir alles, was ich mir jemals wünschen könnte.

Jeden Tag sitze ich am Kaffeetisch und schaue mir die Fotos meiner wunderbaren Kinder Michael und Andre an, die Fotos ihrer Frauen Linda und Eva, meiner Enkelkinder Danielle, Marc, Phillip und Carly und meiner Urenkel Lara, Joel, Zoe, Samuel und Toby.

In ihnen erkenne ich mich und meine geliebte Flore wieder, aber auch meinen Vater und meine Mutter. Ich sehe die Liebe, die mir meine Eltern während ihrer kurzen Zeit auf Erden schenkten. Und das … das ist schöner, als ich es mit Worten ausdrücken kann. Die Kinder werden weitermachen, ihre eigenen Kämpfe ausfechten und ihre eigenen Siege davontragen. Sie werden wachsen und bauen und dieser Gesellschaft etwas zurückgeben. Dieser Gesellschaft, die uns so viel gegeben hat. Deshalb leben wir. Deshalb arbeiten wir und streben danach, unser Bestes an die nächste Generation weiterzugeben.

Freundlichkeit ist der größte Reichtum überhaupt. Kleine Freundlichkeiten überdauern sogar ein Menschenleben. Diese Lektion, dass Freundlichkeit und Großzügigkeit und der Glaube an die Mitmenschen wichtiger sind als Geld – diese Lektion war die erste und wichtigste, die mein Vater mich gelehrt hat. Und deshalb wird er immer bei uns sein und ewig leben.

Die folgenden Zeilen sind eine Art Lebensmotto für mich, und ich zitiere sie gern, wenn ich in der Öffentlichkeit spreche.

Mögest du immer viel Liebe übrig haben,
viel Gesundheit
und viele gute Freunde,
denen du etwas bedeutest.

15

Nicht meinen Schmerz,
meine Hoffnung will ich
mit dir teilen.

Lange Zeit wollte ich meine Kinder nicht mit meiner Geschichte belasten. Als sie zum ersten Mal davon hörten, was mir widerfahren war, wusste ich gar nichts davon. Mein Sohn Michael war schon erwachsen, als er erfuhr, dass ich in der großen Synagoge in Sydney über meine Erfahrungen im Holocaust sprechen würde. Zu Hause hatte ich nie davon erzählt. Er kam früher als ich und versteckte sich hinter dem schweren Vorhang, sodass ich nicht mitbekam, dass er da war. Nach meinem Vortrag kam er heraus und umarmte mich unter Tränen. Er hatte zum allerersten Mal von meinen Erlebnissen gehört. Seither kommen meine Kinder immer wieder zu meinen Vorträgen, doch ich habe es nie geschafft, direkt mit ihnen darüber zu reden. Wenn ich es versuche und meinen Sohn dabei ansehe, so erkenne ich das Gesicht meines Vaters in dem seinen. Es ist einfach zu schwer für mich.

Manchmal denke ich, dass diejenigen unter uns, die lange Zeit nichts erzählt haben, einen Fehler begangen haben. Ich glaube, wir haben der Generation unserer Kinder damit etwas vorenthalten, was ihnen hätte helfen können, diese Welt zu einem besseren Ort zu machen. Sie hätten den Hass aufhalten können, der jetzt überall auf der Welt aufsteigt. Vielleicht haben wir nicht genug über unsere Erfahrungen geredet. Heute gibt es sogenannte Holocaustleugner: Menschen, die nicht glauben, dass das alles wirklich passiert ist. Kannst du dir das vorstellen? Was glauben sie denn, wo die sechs Millionen Menschen hingegangen sind? Und was glauben sie, warum ich diese Tätowierung am Arm trage?

Heute sehe ich es als meine Pflicht, diese Geschichte zu erzählen. Ich weiß, wenn meine Mutter hier wäre, würde sie sagen: »Tu es für mich. Versuch diese Welt zu einem besseren Ort zu machen.«

Über die Jahre habe ich erleben dürfen, wie sich meine Botschaft ausbreitete. Das ist wunderbar. Ich habe zu Tausenden von Schulkindern gesprochen, zu Politikern und Akademikern. Meine Geschichte gehört allen. Und in den letzten zwanzig Jahren bin ich jedes Jahr auch zur Australian Defence Force Academy, der wichtigsten Ausbildungsstätte der Armee, gefahren und habe zu den jungen Soldaten gesprochen. Genau sie will ich erreichen. Natürlich auch die Offiziere, aber vor allem die jungen Männer, die eines Tages vielleicht kämpfen müssen. Meine Botschaft ist gerade für diejenigen wichtig, die eine Waffe in der Hand halten.

Jedes Mal wenn ich in einer Schule spreche, sage ich: »Bitte mal Hand hoch, wer heute beim Weggehen von zu Hause gesagt hat: Mum, ich liebe dich.« Eines Abends, als ich nach Hause kam, sagte meine Frau zu mir: »Eddie, da hat eine Mrs. Leigh angerufen. Du sollst sie bitte zurückrufen.«

Das tat ich dann auch und sagte zu der Frau: »Mrs. Leigh, Sie wollten mit mir sprechen?«

»Ja, Mr. Jaku. Was haben Sie mit meiner Tochter gemacht?«

»Mrs. Leigh!«, erwiderte ich. »Ich habe gar nichts mit ihr gemacht!«

»O doch«, sagte sie. »Sie haben ein Wunder bewirkt. Heute ist sie von der Schule nach Hause gekommen, hat mich in den Arm genommen und mir ins Ohr geflüstert: Mum, ich liebe dich. Sie ist siebzehn Jahre alt! Normalerweise streitet sie bloß den ganzen Tag mit mir.«

Das versuche ich jedem jungen Menschen mitzugeben: »Deine Mutter tut alles für dich. Lass sie wissen, dass du das anerkennst, dass du sie liebst. Warum streitest du mit Menschen, die du liebst? Geh rauf auf die Straße, schnapp dir jemanden, der Müll in die Gegend wirft, und streite mit ihm! Es gibt jede Menge Leute, die den Streit eher verdient haben als deine Mutter!«

Jede Woche stehe ich auf, küsse meine Frau, ziehe meinen guten Anzug an und gehe zum Jewish Museum, um meine Geschichte zu erzählen. Zuerst kamen die jüdischen Kinder und hörten mir zu. Dann die Kinder aus anderen Schulen in Sydney. Dann aus ganz Australien. Und dann kamen die Erwachsenen – die Lehrer, die Freunde, die Familien der Kinder – und hörten sich an, was ich zu sagen hatte. Mich hat das sehr berührt. Ich fing an zu reisen, weil Schulen, Gruppen, Firmen, alle möglichen Menschen aus sämtlichen Altersgruppen Kontakt zu mir aufnahmen und mich baten, ihnen zu erklären, was wir aus dem Holocaust lernen können.

Eines Tages bekam ich einen Brief von der australischen Regierung, in dem mir mitgeteilt wurde, ich sei von einem bekannten Arzt für die Auszeichnung »Order of Australia« vorgeschlagen worden und die zuständige Kommission berate über diesen Vorschlag.

Am 2. Mai 2013 fuhr ich zusammen mit Flore und meiner übrigen Familie zum Government House in Sydney, wo mir im Rahmen einer Zeremonie unter Vorsitz der Gouverneurin von New South Wales, Marie Bashir, für meinen Dienst an der jüdischen Gemeinschaft der Orden verliehen wurde.

Was für eine Ehre! Was für eine wunderbare Sache! Als staatenloser Flüchtling bin ich nach Australien gekommen, als ein Mensch, der nur Kummer kannte. Und heute bin ich Eddie Jaku, OAM!

Im Jahr 2019 trat dann TEDx an mich heran, eine Organisation, die Vorträge und Reden von allen möglichen Leuten veröffentlicht, und zwar weltweit. Sie alle sind vereint durch den Wunsch, Ideen zu verbreiten, »die es wert sind, verbreitet zu werden«. Diese Organisation wollte mir helfen, meine Botschaft einem möglichst großen Publikum näherzubringen: mehr als fünftausend Menschen in einer Halle und zusätzlich Hunderttausende online. Am 24. Mai 2019 betrat ich das Podium, um die vielleicht wichtigste Rede meines Lebens zu halten. Vor so vielen Menschen hatte ich noch nie gesprochen! Als ich geendet hatte, sprangen die Zuhörer auf und wollten gar nicht aufhören, zu applaudieren. Und danach standen Hunderte von Menschen Schlange, um mir die Hand zu schütteln oder mich zu umarmen.

Seit diese Rede online ging, haben mehr als eine Viertelmillion Menschen sie gehört. Ein Wunder der modernen Technik! Als ich ein Kind war, verschickten wir Nachrichten per Telegramm und Brieftaube! Jetzt bekomme ich Post und E-Mails von Menschen auf der ganzen Welt, die meine Geschichte gehört haben und sich inspiriert fühlen, Kontakt aufzunehmen und mir zu sagen, wie sehr meine Rede sie berührt hat. Erst vor ein paar Tagen bekam ich einen handgeschriebenen Brief von einer Amerikanerin – einer Frau, die ich nicht kannte –, in dem stand: »Sie haben mir in siebzehn Minuten so viel Stoff zum Nachdenken gegeben! Ihre Rede hat mein Leben verändert.«

Kannst du dir das vorstellen? Es ist noch gar nicht lange her, dass ich zögerte, meinen Schmerz mit irgendjemandem zu teilen. Doch das war, bevor ich begriff, dass ich nicht meinen Schmerz teilen muss – sondern meine Hoffnung.

Im Jahr 2020 wurde ich für die Auszeichnung Senior Australian Citizen of the Year nominiert. Ich habe sie letztlich nicht bekommen, war aber unter den letzten vier – nicht so schlecht für einen Hundertjährigen.

Ich werde meine Geschichte erzählen, solange ich kann. Das Jewish Museum wird mich irgendwann rausschmeißen müssen, freiwillig höre ich nicht auf. Wenn ich müde werde, denke ich an all die vielen Menschen, die nicht überlebt haben und deshalb ihre Geschichte nicht erzählen können. Und an all jene, die bis heute so viel Schmerz in sich tragen, dass sie nicht darüber reden können. Für sie spreche ich. Und für meine Eltern.

Das fällt mir durchaus schwer. Manchmal tut es sehr weh. Doch ich frage mich, was wird sein, wenn wir irgendwann alle nicht mehr sind? Was passiert, wenn alle Überlebenden gestorben sind? Wird unsere Geschichte dann verblassen? Oder wird man sich an uns erinnern? Eine neue Generation ist herangewachsen, junge Menschen, die eine große Sehnsucht in sich tragen, die Welt zu einem besseren Ort zu machen. Sie werden von unserem Schmerz erfahren und Erben unserer Hoffnung sein.

Ein Acker ist erst mal nur eine leere Fläche, aber wenn man sich die Mühe macht, darauf etwas anzubauen, wird ein Garten oder ein Kornfeld daraus. So ist es auch im Leben. Wenn du etwas gibst, bekommst du etwas zurück. Wenn du nichts gibst, bekommst du auch nichts zurück. Wenn du eine Blume wachsen lässt, ist das ein Wunder, aber dieses Wunder bedeutet auch, du kannst noch mehr wachsen lassen. Eine Blume ist nicht nur eine Blume. Sie ist der Beginn eines Gartens.

Also mache ich weiter und erzähle meine Geschichte jedem, der etwas über den Holocaust erfahren will. Wenn ich dabei auch nur einen einzigen Menschen erreiche, ist es die Mühe wert. Und ich hoffe, ich erreiche dich, meine neue Freundin, mein neuer Freund. Ich hoffe, du nimmst diese Geschichte mit in dein Leben.

Epilog

Vor fünfundsiebzig Jahren, gleich nach dem Ende des Krieges, hörte ich von einem Nazi, der in Belgien wegen seiner Kriegsverbrechen im Gefängnis saß, und arrangierte einen Besuch bei ihm. Ich fragte ihn: »Warum? Warum haben Sie das getan?« Er war zu keiner Antwort fähig, fing an zu zittern und zu weinen. Er war nur noch ein halber Mensch, ein Schatten seiner selbst. Fast tat er mir leid. Er sah nicht böse aus. Er sah erbärmlich aus, fast so, als wäre er schon tot. Und ich bekam keine Antwort auf meine Frage.

Je älter ich werde, desto öfter denke ich: Warum? Da ich nicht aus meiner Haut als Ingenieur kann, denke ich darüber nach wie über ein Maschinenproblem, das ich lösen kann. Eine Maschine kann ich untersuchen, das Problem identifizieren, herausfinden, was falsch gelaufen ist, und die Sache dann reparieren.

Die einzige Antwort, die mir in diesem Fall in den Sinn kommt, ist: Hass. Hass ist der Beginn einer Krankheit, es ist wie beim Krebs. Gut möglich, dass der Hass deinen Feind tötet, aber er zerstört auch dich.

Gib anderen Menschen nicht die Schuld an deinen Missgeschicken. Keiner sagt, dass das Leben einfach ist, aber es ist einfacher, wenn du es liebst. Wenn du dein Leben hasst, kannst du nicht leben. Deshalb versuche ich, freundlich zu sein. Obwohl ich so sehr gelitten habe, will ich den Nazis beweisen, dass sie sich geirrt haben. Ich will allen Menschen, die hassen, beweisen, dass sie sich irren.

Also hasse ich auch selbst niemanden, nicht einmal Hitler. Ich vergebe ihm aber auch nicht. Wenn ich das täte, würde ich Verrat an den sechs Millionen Menschen üben, die gestorben sind. Für dieses Verbrechen ist Vergebung nicht möglich. Wenn ich das sage, spreche ich stellvertretend für die sechs Millionen, die selbst nicht mehr sprechen können. Aber ich lebe auch stellvertretend für sie – das beste Leben, das mir möglich ist.

Als ich die dunkelsten Stunden meines Lebens hinter mir gelassen hatte, versprach ich mir selbst, dass ich den Rest meines Lebens glücklich sein und lächeln würde. Denn wenn du lächelst, dann lächelt die Welt mit dir. Das Leben ist nicht nur Glücklichsein. Manchmal ist es hart. Aber du darfst nicht vergessen, was für ein Glück es ist, am Leben zu sein. Insofern sind wir alle glückliche Menschen. Jeder Atemzug ist ein Geschenk. Das Leben ist schön, wenn du es zulässt. Nimm dein Glück in die eigenen Hände.

Vor fünfundsiebzig Jahren habe ich nicht damit gerechnet, dass ich Kinder, Enkel und Urenkel haben würde. Ich war ganz unten. Und schau mich heute an!

Wenn du dieses Buch aus den Händen legst, denk bitte daran, dass du dir die Zeit nimmst, jeden Augenblick deines Lebens zu schätzen. Die guten und die schlechten Augenblicke. Manchmal wirst du weinen, manchmal wirst du lachen. Und mit etwas Glück wirst du Freundinnen und Freunde haben, mit denen du das alles teilen kannst. So war es jedenfalls bei mir.

Bitte, denke jeden Tag daran, glücklich zu sein und andere glücklich zu machen. Sei ein Freund, eine Freundin für die Welt.

Tu's für deinen neuen Freund Eddie.

Dank

Ich hatte nie die Absicht, ein Buch zu schreiben, und habe auch nie damit gerechnet, es irgendwann zu tun, obwohl mir so viele Menschen immer wieder zugeredet haben. Und obwohl so viele andere Überlebende und Freunde von mir ihre Erfahrungen aufgeschrieben haben.

Erst als der Verlag Pan Macmillan auf mich zukam, ließ ich mich überzeugen, im reifen Alter von hundert Jahren meine Erfahrungen und Gedanken niederzuschreiben. Dafür danke ich von Herzen der Verlegerin Cate Blake und meinem Co-Autor Liam Pieper. Cate dafür, dass sie an dieses Projekt geglaubt hat, und Liam für seine Behutsamkeit und sein Geschick, mit dem er meine Worte zu Papier brachte.

Nicht weniger wichtig für das ganze Unternehmen waren die Ermutigung und die Hinweise meiner Familie, vor allem meiner lieben Frau Flore und meiner Söhne Michael und Andre.

Ihnen ist dieses Buch gewidmet – ihnen und meinen Enkelkindern Danielle Jaku-Greenfield, Marc Jaku, Phillip Jaku und Carly Jaku. Und meinen Urenkelinnen und Urenkeln Lara, Joel und Zoe Greenfield und Samuel und Toby Jaku. Und natürlich meiner Familie hier in Australien und anderswo: den Nachkommen meiner Schwester Johanna, Leah Wolf und Miriam Oppenheim, meinem Onkel Moritz Eisen (dem Bruder meiner lieben Mutter) und meiner Tante Sara Dessauer (der Schwester meines lieben Vaters). Die beiden Letztgenannten haben Europa schon vor der Katastrophe verlassen und sind nach Palästina gegangen. Ich will mit diesem Buch aber auch an all meine Verwandten erinnern, die von der grausamsten Gesellschaft der Menschheitsgeschichte ermordet wurden.

Ich will an die sechs Millionen unschuldiger Juden erinnern, die nicht für sich sprechen können, an die Kultur, die Musik, all die großen Möglichkeiten, die mit ihnen zerstört wurden.

Und schließlich widme ich dieses Buch all den Freunden, die ich in den fünfundsiebzig Jahren seit dem Holocaust gewonnen habe.

Ich danke dem Sydney Jewish Museum und seinen wunderbaren Mitarbeiterinnen und Mitarbeitern, die mich schon seit der Eröffnung des Museums im Jahr 1992 immer ermutigt haben, meine Geschichte mit Jung und Alt zu teilen. Das Museum ist mein zweites Zuhause; die Menschen, die dort arbeiten, sind meine zweite Familie.

Englisch ist nicht meine Muttersprache, und ich bin nicht mehr der Jüngste. So war das Schreiben dieses Buchs kein einfaches Unterfangen. Trotzdem hoffe ich, dass sich die Mühe gelohnt hat, auch in den Augen meiner Leserinnen und Leser.

Allein sind wir machtlos. Zusammen sind wir stark.

Ich möchte die Welt zu einem besseren Ort machen und hoffe, dass es der Menschheit guttut, wenn möglichst viele dieses Buch lesen. Und ich möchte allen sagen: Gebt die Hoffnung nicht auf. Es ist nie zu spät, ein freundlicher, höflicher und liebevoller Mensch zu werden.

Ich wünsche dir alles, alles Gute.

Dein Freund Eddie Jaku